우리 아이 처음 교구 놀이

우리 아이 처음 교구 놀이

길고운 지음

PROLOGUE

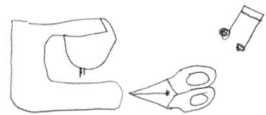

억지로 하는 클래식 음악을 듣기가 너무 힘들 때쯤
누군가에게 바느질이 태교에 좋다는 이야기를 들었어요.

2014년 겨울, 처음 책을 내보자는 출판사 담당자의 연락을 받고 흥분되는 감정을 숨길 수 없었어요. 신당 작업실에서 포트폴리오를 정리하면서 지금까지의 작업들을 모아서 책을 내면 참 좋겠다고 막연한 바람을 가졌을 뿐인데 산타할아버지가 미리 선물은 주신 기분이었습니다.

신나고 바쁘게 작업들을 정리하며 책을 여는 말머리에 대해 이런저런 생각을 하던 중 '작업은 나에게 무슨 의미일까?' 하는 생각이 머리를 스치자 갑자기 멍해졌어요. 매일 자르고, 붙이고, 꿰매는 작업이 지금은 저의 습관이자 버릇이고 일상이에요. 자연스럽게 삶의 일부로 자리 잡아서 이 일이 나에게 어떤 의미인지 어떤 영향을 주었는지 생각해본 적이 없었어요.

8년 전 첫 아이를 임신했을 때부터 저는 바늘과 실을 항상 곁에 두고 살았던 것 같아요. 가장 먼저 한 태교는 클래식 음악을 듣는 것이었어요. 하지만 저하고 잘 맞지 않았어요. 억지로 하는 클래식 음악을 듣기가 너무 힘들 때쯤 누군가에게 바느질이 태교에 좋다는 이야기를 들었어요. 귀가 솔깃해진 저는 평소 눈여겨봐 두었던 해외 블로그에서 서툰 바느질로 만들 수 있는 쉽고 예쁜 인형을 발견했어요. 그리고 집에 있던 재료를 뒤져서 한 땀 한 땀 정성 들여 인형을 만들었어요. 처음엔 바느질이 서툴었지만 하나를 완성하고 나니 자신감이 붙어서 다음엔 턱받이를 만들고, 딸랑이도 만들고, 좀 더 복잡한 인형도 만들었어요. 그렇게 시작된 바느질이 지금까지 이어져 왔어요.

임신과 출산, 그 뒤에 이어지는 육아는 오르고 올라도 넘을 수 없는 산 같았어요. 많은 한숨과 좌절의 시간이었지만 아이들이 주는 기쁨은 그 어떤 것과도 바꿀 수 없었어요. 아이들 때문에 힘들고 아이들 때문에 기운이 나는 이 아이러니한 시간 동안 우리 아이들의 엄마뿐만이 아닌 나 자신으로 살게 해 준 것이 바로 바느질이었던 것 같아요. 반복되는 일상에서 눈을 돌려 예쁘고 재미있는 것을 찾아보고 만드는 작업은 지친 일상에 활력을 불어넣었어요. 예쁘면서 생산적인 취미이자 가끔이나마 돈을 벌게 해주는 일이자 작가 또는 선생님이라는 호칭으로 불릴 수 있게 해주는 여러 가지 얼굴의 이 작업은 끊임없이 저를 자극하고 개발할 힘을 불러 일으켜 줘요. 그래서 지금까지 누가 시키지도 않은 일을 끊임없이 하고 있나 봐요.

집에 있던 반짇고리 세트와 자투리 천이 시작이었지만 지금은 작업실 하나를 꽉 채우고도 남을 만한 재료와 작품으로 늘어났어요. 뱃속에 있던 아이도 지금은 초등학생이 되었고, 그 사이에 다른 아이도 태어났어요. 아이들이 자라고 저의 작업들도 조금씩 자라나 저 또한 성숙해지는 시간이었어요. 이 책에서는 제가 흠뻑 빠져있는 만들기의 즐거움을 공유하고 이렇게 쌓인 이야기들을 풀어서 보여드리려고 해요.

김고운

차례

- 책 사용법 / 10
- 기본 재료 소개 / 12

1 아이가 처음 만나는 장난감

구름 흑백 모빌 / 18

곤충 컬러 모빌 / 20

별 손목 딸랑이 / 22

달 발목 딸랑이 / 24

딸랑이 스틱 / 26

색깔 마라카스 / 28

문어 유모차 장난감 / 31

분유통 작은북 / 34

아이스크림 쌓기 놀이 / 36

아이스크림 컬러 매칭 놀이 / 38

손바닥 숫자 놀이 / 40

도형 놀이와 정리 가방 / 42, 44

2 창의력을 높여주는 장난감

부엉이 손수건 치발기 / 48

숫자 촉감책 / 50

곰 인형 친구 / 52

단추 끼우기 놀이 / 54

발바닥 촉감 판 / 56

촉감 놀이 매트 / 58

사자 과녁 놀이 / 62

여우 손 인형 / 64

자동차 매트 / 66

물고기 비닐 놀이 / 70

종이컵 망원경 / 72

표정 놀이 매트 / 74

얼굴 표정 / 76

나비 모양 쿠션 / 78

3 생활습관을 길러주는 장난감

메모리 게임 / 82

채소 퍼즐 / 84

물고기 낚시 놀이 / 86

고양이 인형, 제제 / 88

옷 갈아 입히기 놀이 / 90

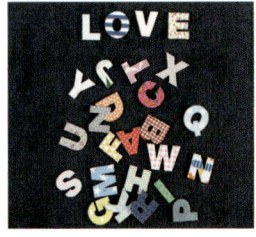
알파벳 자석 / 92

펠트 시계 / 94

4 함께하는 역할 놀이 장난감

히어로 망토 / 98

히어로 마스크 / 99

공주 케이프 / 102

공주 왕관 / 103

놀이 매트 겸 장난감 정리 가방 / 106

지우개 스탬프 가방 / 108

스탬프 앞치마와 머릿 수건 / 112

토끼 머리띠 / 114

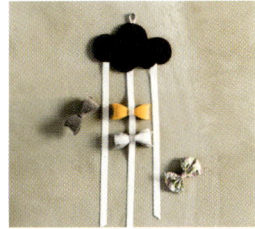
펠트 머리핀 / 116

부엉이 가방 / 118

펠트 샌드위치 / 120

펠트 피자 / 122

- Special page 마망베베가 전하는 바느질 하는 엄마 이야기 / 126
- 별책 부록 우리 아이 처음 교구 놀이 실물 도안

책 사용법

만들기를 시작하기에 앞서 제 바느질 실력이 그리 훌륭하지 않다는 것을 말씀드리고 싶어요. 사진을 눈 크게 뜨고 보시면 삐뚤삐뚤한 제 바느질이 보이실 거에요. 이 말씀을 드리는 이유는 책에 나와 있는 아이템들을 만들기 위해서는 바느질 실력이 크게 중요한 게 아니기 때문이에요. 만들기에 대한 흥미와 예쁜 물건에 대한 관심이면 충분해요. 흥미와 관심 그리고 부지런한 손만 있으면 준비는 끝이에요. 이 책에 나와 있는 거의 모든 아이템은 그리기, 오리기, 붙이기 그리고 간단한 바느질로 완성할 수 있어요.

난이도

이 책에서는 아이의 오감발달에 필요하거나 자극을 줄 수 있는 장난감들을 분류했어요. 그리고 필요한 재료와 기술, 시간을 고려해 난이도를 세 가지로 정했어요.
★☆☆ 한두 가지 재료와 간단한 바느질만으로 한 시간 이내에 완성할 수 있는 난이도.
★★☆ 간단한 바느질과 여러 가지 재료로 반나절 안에 완성할 수 있는 난이도.
★★★ 바느질 양이 많거나 여러 가지 재료를 섞어서 완성하는 아이템으로 숙련도에 따라 하루나 그 이상이 걸리는 난이도.

바느질 기법

홈질 바늘땀을 위아래로 고르게 해 꿰매는 바느질법

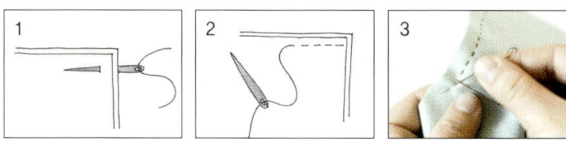

1. 천의 뒤에서 앞으로 바늘을 뺀다.
2. 일정한 간격을 두고 앞에서 뒤로 바늘땀을 뜬다. 거의 같은 간격의 바늘땀으로 뜨되 한꺼번에 3~5땀씩 연속으로 떠서 실을 잡아당긴다.
3. 원하는 길이만큼 1, 2과정을 반복한다. 고정시키는 천이 벌어지지 않도록 중간 중간 실을 팽팽하게 당기면서 바느질한다. 단, 너무 당기면 천에 주름이 가니 주의한다.

바느질 기법

버튼홀스티치 실의 풀림을 막기 위한 바느질법으로 담요의 가장자리를 처리할 때 이용한 것에서 유래하여 '블랭킷스티치'라고도 한다.

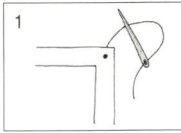 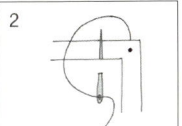 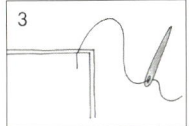 

1. 두 장의 원단을 겹치고 뒤 원단의 모서리 안에서 바깥으로 바늘을 통과시킨다.
2. 앞 원단의 마주보는 지점으로 실을 시계 반대 방향으로 돌려서 밖에서 안으로 통과시킨 후 두 원단 사이로 바늘을 통과시킨다.
3. 실을 잡아 당겨 두 원단을 모아준다. 원하는 길이만큼 1, 3과정을 반복한다.

공그르기 바느질 선이 보이지 않게 이어주는 바느질법

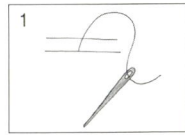 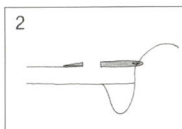 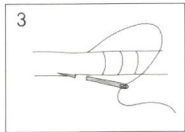 

1. 시접을 접은 솔기가 서로 마주보도록 놓고 한쪽의 접은 솔기 사이로 안에서 밖으로 바늘을 통과시킨다.
2. 10에서 바늘이 나온 지점과 마주보는 반대편 솔기에 바늘을 한 땀 통과시킨다.
3. 1, 2의 과정을 반복하면서 원하는 부분까지 바느질한다. 실을 팽팽하게 잡아당겨서 솔기 사이가 벌어지지 않도록 주의한다.

펠트와 글루건 펠트를 고정시키는 방법은 글루건을 사용하거나 바느질하는
두 가지 방법을 모두 사용할 수 있어요. 글루건을 사용하면 빨리 완성할 수 있다는 장점이
있고 바느질로 완성하면 완성도가 높아지고 손맛을 느낄 수 있는 장점이 있으니
본인에게 맞는 방법을 사용하세요.

바느질 언어

창구멍 원단을 안쪽에서 바느질한 후 겉면으로 뒤집을 때 필요한 구멍이에요.
바느질할 부분의 일부를 바느질하지 않고 남겨주세요. 창구멍은 곡선보다 가장 편평한
부분의 일부를 남겨두는 것이 뒤집어서 형태를 잡아 공그르기로 마무리하기 좋아요.

기본 재료 소개

**바느질
필수 도구**

가위 원단이나 펠트를 재단할 때 사용해요. 날이 날카롭다면 어떠한 가위라도 사용할 수 있어요. 하지만 재단용 가위를 사용하면 작업이 훨씬 수월해져요.

쪽가위 실을 자르거나 시접에 가위집을 낼 때 사용해요.

수성펜(기화펜)&초크 연필 [1] 원단이나 펠트에 도안을 옮길 때 사용해요. 물로 지워지는 수성펜이나 시간이 지나면 사라지는 기화펜을 자주 사용하는 편이지만 펜이 없다면 초크 연필을 사용해도 좋아요.

바늘 [2] 가느다란 바늘을 사용해요. 두께가 있는 바늘을 사용해서 펠트를 바느질하면 힘이 많이 들어가서 바느질이 힘들어요.

시침핀 [3] 재단한 원단이나 펠트를 임시로 고정하는 데 사용해요.

실 [4] 바느질할 때는 주로 면사를 사용해요. 색상만 맞는다면 다른 종류의 실도 사용할 수 있어요.

자수바늘 [5] 일반 바늘보다 바늘귀가 큰 자수용 바늘은 자수실을 이용해 수를 놓을 때 사용해요.

**있으면
편리한 도구**

핀 쿠션 [6] 핀과 바늘을 보관할 때 사용해요.

겸자 [7] 끝이 뭉뚝한 솜을 넣을 때 사용하는 가위로 작은 공간까지 솜을 고르게 채워 넣을 때 사용하면 편리해요.

방울솜 [8] 방울처럼 작게 뭉쳐진 솜으로 일반 솜보다 균등하게 솜을 넣을 때 편리하고 솜끼리 뭉치는 것도 덜해요.

자수실 [9] 색깔이 다양한 면사 뭉치로 인형의 표정을 수놓을 때 사용해요.

트와인 [10] 두 가지 색의 실을 꼬아 만든 끈으로 일반실보다 두꺼워서 모빌이나 갈랜드에 거는 용으로 사용해요.

커팅매트 치수가 그려진 고무 매트로 펠트를 칼로 재단하고 균등한 모양을 그리거나 자를 때 사용해요.

펠트가위 [11] 끝이 뾰족한 가위로 천이 깔끔하게 재단되어 펠트를 자를 때 사용하면 편리해요.

원단 재료

원단 [1] 100% 면 원단을 기본으로 사용해요. 면 원단은 질기고 물세탁이 가능해 깨끗하게 유지할 수 있어요. 또 시중에서 구하기 쉽고 패턴과 색상에 따라 수십 수만 가지의 종류가 있는 장점이 많은 재료에요. 면의 종류는 밀도에 따라 40수, 60수 또는 염색방식에 따라 선염, 날염 등으로 구분돼요. 육안으로 잘 구분이 안 될뿐더러 사용하거나 만드는 데는 차이가 거의 없어 컬러와 패턴을 기준으로 선택해 사용하고 있어요. 다만 몇 가지 원단은 질감에 확실한 차이가 있으므로 구분해서 사용해요.

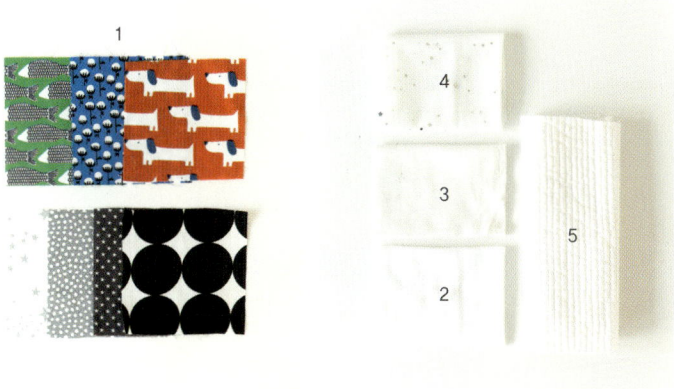

오가닉 원단 [2] 목화 재배와 가공 과정에 화학물질 사용을 배제한 원단으로 친환경적이고 안전한 재료이지만 색상이 제한적이고 고가여서 신생아들이나 피부가 약한 아이를 위해 사용해요.

타월 원단 [3] 타월처럼 표면에 꼬임이 있는 원단이에요. 두께가 있고 부드러운 질감 때문에 포근한 느낌을 주고 싶을 때 사용해요.

망사 원단 [4] 촘촘한 그물망 질감의 원단으로 가볍고 하늘하늘해서 여자아이들 액세서리나 의류에 사용해요.

누빔 원단 [5] 솜과 원단을 같이 누벼서 나오는 원단이에요. 양면 누빔과 단면 누빔이 있어요. 도톰한 두께로 쿠션감이 있어 매트나 파우치 등에 사용해요.

사용법

원단은 만들기 전에 빨고 다려서 사용하세요. 원단에 따라 수축이나 물 빠짐이 발생할 수 있는데 이를 미연에 방지할 수 있고 원단 생산 과정에서 생긴 먼지와 이물질을 제거할 수 있어요.

펠트 재료

펠트는 색상이 다양하고 자르거나 붙이는 가공이 쉬워서 면 원단만큼 많이 사용하는 재료에요. 올이 풀리지 않아 시접 처리를 하지 않아도 되고, 초보자가 사용하기에는 원단보다 훨씬 수월해요. 시중에서 구하기 쉽지만 문구점에서 파는 펠트와 패션 부자재 판매점의 펠트는 종류가 조금 다르니 부자재 판매점에서 구입하는 것을 권해드려요.

1mm 펠트 [1] 단단한 정도에 따라 하드펠트(무수지)와 소프트펠트(유수지)로 나뉘어요. 힘이 있는 하드펠트의 사용 빈도가 높고 소프트펠트는 원단처럼 부드러운 질감을 원할 때 사용해요.

2mm 펠트 [2] 펠트 두께가 2mm로 색상이 1mm 펠트와는 조금 다르고 두꺼워서 충격 방지용으로 사용하면 좋아요.

무늬 펠트 [3] 프린트가 입혀진 1mm 펠트예요. 단색 펠트가 지루할 때 사용하면 좋아요.

접착 펠트 펠트 한쪽 면이 접착 가능한 펠트예요.

글리터 펠트 [4] 반짝반짝한 글리터 원단이 접착된 펠트예요. 재미있는 질감을 표현할 때 사용해요.

부자재 및 도구

소리 도구 [1] 인형이나 딸랑이 같이 솜 안에 넣고 소리를 들을 수 있는 방울이에요. 납작 딸랑이와 소리가 크고 선명한 축구공 딸랑이를 아이템의 크기와 용도에 맞게 골라서 사용해요.

벨크로 [2] 거친 면과 부드러운 면을 한 쌍으로 사용하는 도구로 일명 '찍찍이'로 불리기도 해요. 컬러가 다양해 원단 색상에 맞춰서 사용하면 완성도를 높일 수 있어요. 또 원형으로 재단되어 접착제가 발라진 원형 벨크로도 있으니 상황에 맞게 골라 사용하면 편리해요.

글루건 [3] 플라스틱 글루에 열을 가해 녹이는 도구로 바느질을 하지 않고 펠트를 고정시키는 데 사용해요.

글루건 심 [4] 글루건에 사용되는 스틱 모양의 플라스틱 덩어리에요. 글루건 사이즈에 맞는 심을 사용해요.

패브릭 펜&크레용 [5] 패브릭 위에 그림을 그리거나 스탬프를 찍을 때 사용하는 제품들이에요. 그리거나 찍은 후에는 다리미로 열을 가해주어야 빨아도 지워지지 않아요.

바이어스 [6] 원단을 경사지게 재단하여 만들어 신축성이 좋고 원단 가장자리를 말끔하게 마무리할 때 사용해요. 직접 재단해서 만들 수 있지만, 기성품으로 제작되어 나오는 제품이 다양하니 골라서 사용하면 편리해요.

리본 끈 [7] 다양한 두께, 질감, 색상과 패턴의 리본 끈이 있으니 만드는 아이템에 맞게 골라서 사용해요.

레이스 [8] 실의 두께와 색상, 패턴에 따라 수백 가지 종류의 레이스가 있어요. 아이 용품은 크기가 비교적 작으므로 폭이 1cm 내외의 면 레이스를 사용하면 잘 어울려요.

단추 [9] 소재와 크기, 색상에 따라 여러 종류가 있는데 이 중 나무 단추는 무난해서 쓰임이 많고, 별이나 곰돌이 모양 단추는 컬러가 선명한 것으로 골라 포인트가 되게 사용해요.

폼폼 [10] 동그랗게 뭉쳐진 실 뭉치로 직접 만들어 쓸 수도 있고 다양한 크기와 색상의 기성품을 골라 사용하기도 해요.

1
아이가 처음 만나는 장난감

시각발달과 청각발달에
도움을 주는 교구

뭉게뭉게
구름 흑백 모빌

세상을 흑백으로 구분하는 신생아를 위한 모빌이에요.
아이에게 흔들흔들 움직이는 공으로
세상을 느끼게 해주세요.
동글동글한 구름 모양의 모빌은
아이방 인테리어로도 효과적이에요.

구름 흑백 모빌 만들기

난이도
★★☆

완성품 크기
25 × 40cm

· **재료**
흰색 원단 1/2마, 방울솜 300g, 여러 가지 크기의 흑백 폼폼 8개(검은색 폼폼 50mm·40mm·30mm, 회색 폼폼 60mm·50mm·30mm, 흰색 폼폼 40mm·30mm), 두꺼운 실 2m

1 흰색 원단을 겉면이 마주 보도록 겹쳐놓고 구름 모양으로 재단한다.

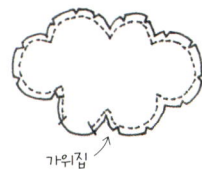

2 1에서 재단한 원단에 창구멍을 남겨 가장자리를 홈질이나 박음질한다(창구멍은 직선으로 재단된 곳에 만드는 게 바느질하기 편해요).

3 창구멍을 뒤집은 후 솜을 넣어 창구멍을 공그르기 한다.

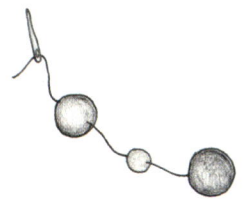

4 흑백 폼폼을 3개씩 교차하여 두꺼운 실로 이어준다. 폼폼이 위치하고자 하는 곳에 매듭을 지어 흘러내리지 않도록 한다.

5 3에서 완성한 구름 모양 아래쪽에 4의 폼폼 줄을 달아 완성한다.

TIP
흑백 모빌을 사용할 시기가 지났다면 원단과 폼폼의 색을 다양하게 사용해 컬러 모빌로 만들 수 있어요.

날아다니는
곤충 컬러 모빌

신생아 시기가 지나면서
아이는 점점 색깔로 세상을 인지하게 돼요.
이때 도움을 줄 컬러 모빌이에요.
아직 뒤집거나 기지 못해 누워있는 아이에게
알록달록 귀여운 곤충 모빌로 재미있는
세상을 보여주세요.

곤충 컬러 모빌 만들기

· **재료**
여러 가지 색상의 소프트펠트(검정색, 빨간색, 주황색, 노랑색, 진분홍색, 초록색, 연두색, 흰색), 두꺼운 실, 방울솜 200g, 십자형 모빌대

난이도
★★☆

완성품 크기
25×45㎝

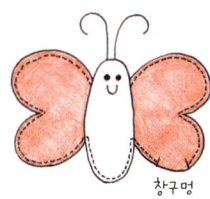

1 펠트를 꽃, 구름, 곤충 모양으로 양면 재단한다.

2 1에서 재단한 몸통 펠트 겉면에 꾸미기 펠트를 홈질이나 글루건으로 고정시켜 곤충 형태를 완성한다.

3 2에서 만든 곤충 형태의 펠트를 두 장씩 겹쳐 놓고 가장자리를 3/4정도까지 홈질로 바느질한다.

4 창구멍 사이로 솜을 넣고 창구멍을 바느질한다.

5 솜을 넣어 통통하게 만든 곤충, 꽃, 구름 윗면에 두꺼운 실을 달아준다.

6 십자형 모빌대에 5를 무게 균형에 맞춰 매달아 완성한다.

TIP
일반적으로 판매하는 십자형 모빌대는 하얀색 플라스틱 소재로 만들어져 있어요. 다른 색상으로 변경하고 싶을 때는 원하는 리본 끈으로 감아서 끝을 글루건으로 고정시켜 사용하세요. 십자형 모빌대는 만들기 재료를 파는 쇼핑몰이나 영유아 소품 파는 곳에서 사거나 알파문고 같은 대형 문구점에서 파는 나무 막대를 구입해서 알맞은 크기로 두 개 자른 후 십자형으로 겹쳐 놓고 노끈으로 감아 고정해서 사용해 보세요. 균형 잡기가 기성품보다 어려울 수 있으니 초보자는 기성품을 사용하는 것을 권해드려요.

반짝반짝 별
손목 딸랑이

신생아의 손목에 채워주는 딸랑이에요.
손을 움직일 때마다 소리가 나서
재미있게 움직임을 유도할 수 있어요.

별 손목 딸랑이 만들기

난이도
★★☆

완성품 크기
13×5cm

• **재료**
패턴 원단(15×10cm), 체크 원단(20×10cm), 솜 한줌, 벨크로 한 쌍, 소리 도구

1 패턴 원단을 겉면이 마주 보도록 겹쳐놓고 별 모양으로 재단한다.

2 체크 원단을 겉면이 마주 보도록 겹쳐놓고 긴 직사각형 모양으로 재단한다.

3 별 모양으로 재단한 원단을 겉면이 마주 보도록 겹쳐놓고 창구멍을 남긴 뒤 가장자리를 홈질한다.

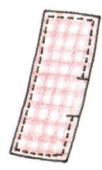

4 2에서 긴 직사각형 모양으로 재단한 원단을 겉면이 마주 보도록 겹쳐놓고 창구멍을 남겨 가장자리를 홈질한다.

5 3에서 만든 별을 뒤집어 솜과 소리 도구를 넣고 창구멍을 공그르기 한다.

6 4에서 만든 직사각형 모양의 원단을 뒤집어 창구멍을 공그르기 한다.

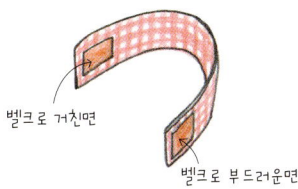

벨크로 거친면
벨크로 부드러운면

7 6에서 만든 손목밴드 양 끝 앞뒷면에 벨크로 한 쌍을 바느질하여 고정한다.

8 5에서 만든 별을 손목밴드 가운데에 공그르기로 고정해 완성한다.

반짝반짝 달
발목 딸랑이

아이의 발목에 채워주는 딸랑이에요.
발을 움직일 때마다 소리가 나서
재미있게 움직임을 유도할 수 있어요.

달 발목 딸랑이 만들기

• **재료**
  패턴 원단(10×20cm) 2장, 양말, 솜 한줌, 소리 도구

난이도
★☆☆

완성품 크기
5×6㎝
실 크기

1 패턴 원단을 겉면이 마주 보도록 겹쳐놓고 달 모양으로 재단한다.

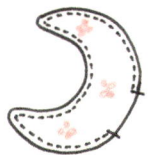

2 달 모양으로 재단한 원단을 겉면이 마주 보도록 겹쳐놓고 창구멍을 남겨 가장자리를 홈질한다.

3 2에서 만든 달을 창구멍으로 뒤집어 솜과 소리 도구를 넣고 창구멍을 공그르기 한다.

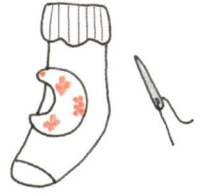

4 양말 가운데에 3에서 만든 달을 공그르기로 고정시켜 완성한다.

TIP
오가닉 원단을 사용하면 피부가 약한 아이들에게 더 건강하게 사용할 수 있어요. 크기가 작은 별과 달은 색감이 선명하고 패턴이 작은 원단이 잘 어울려요.

칫솔을 재활용해 만드는
딸랑이 스틱

소리에 반응하는 아이를 위한 딸랑이에요.
아이 손에도 쏙 들어가는 칫솔을 재활용하여
유용하면서도 재미있는 딸랑이를 만들어보세요.

딸랑이 스틱 만들기

난이도
★☆☆

완성품 크기
7×16cm

· 재료
다 쓴 어린이 칫솔, 지름 1cm 정도의 여러 가지 색상 방울 5개, 여러 가지 색상의 하드펠트 (회색, 노란색, 빨간색, 흰색, 파란색, 하늘색), 솜 한줌

1 펠트를 큰 원, 작은 원으로 각각 두 장, 로봇, 로켓 모양으로 한 장씩 재단한다.

2 큰 원, 작은 원 펠트의 중심선을 맞춰 겹쳐놓고 그 위에 로봇과 로켓 모양 펠트를 글루건이나 홈질로 고정한다.

3 2에서 만든 원형 펠트의 안쪽 면이 마주보게 겹쳐놓고 가장자리를 3/4정도 버튼홀스티치로 바느질한다.

4 3에서 바느질하지 않은 부분으로 솜과 칫솔을 넣고 나머지 1/4 부분도 버튼홀스티치로 마무리한다. 완성한 칫솔 딸랑이 펠트 가장자리에 방울을 달아 완성한다.

TIP
로봇, 로켓 모양 외에 아이의 성별과 취향에 따라 좋아할만한 모양으로도 만들 수 있어요. 아이용, 어른용 칫솔을 이용해 다양한 크기로 만들어 그립감을 다르게 해보세요.

흔들흔들
색깔 마라카스

손에 잡고 흔들면 찰찰찰 소리가 나는
마라카스를 만들어 보세요.
아이가 좋아하는 색깔의 구슬을 이용해
시각적으로도, 청각적으로도
즐거운 놀이가 될 수 있게 해주세요.

색깔 마라카스 만들기

- **재료**
  투명한 플라스틱 컵 2개, 다양한 색상의 하드펠트(회색, 노란색, 핫핑크색), 폼폼과 구슬, 마스킹테이프

난이도
★☆☆

완성품 크기
6×14cm

 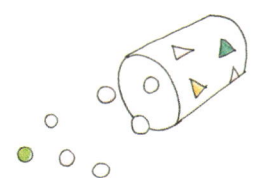 

1 여러 가지 색상의 하드펠트를 삼각형 모양으로 잘라 컵 겉면을 꾸밀 수 있도록 준비하고 글루건이나 양면테이프를 이용해 붙인다.

2 1에서 완성한 컵 안에 소리가 나도록 구슬과 폼폼을 넣는다.

3 컵 입구를 뚜껑으로 닫아 마스킹테이프를 이용해 이음새를 둘러 완성한다.

TIP
컵 안에든 알록달록한 내용물이 보이도록 투명한 컵을 사용해요. 컵이 없을 땐 뚜껑이 있는 투명 쿠키 통이나 디저트 컵 등 크기가 같은 컵을 이용하면 다양한 모양의 마라카스를 만들 수 있어요.

꼬물꼬물
문어 유모차 장난감

아이와 함께 외출할 때 유모차에 앉아있는
아이를 위해 놀이 장난감을 만들어 보세요.
유모차에 매달아 잃어버리지 않고
딸랑딸랑 소리 도구가 들어 있어
아이가 심심해 할 때 꺼내 쓸 수 있어요.

문어 유모차 장난감 만들기

- **재료**
  7가지 패턴 원단, 검은색과 흰색 펠트, 소리 도구, 리본 끈, 스냅, 빨간색 자수실

난이도
★★★

완성품 크기
15×13cm
(끈 제외)

   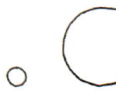 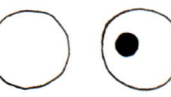

1 패턴 원단을 겉면이 마주 보도록 겹쳐 문어 몸통 모양으로 한 쌍을 재단한다(시접 7mm).

2 서로 다른 패턴 원단으로 다리 다섯 쌍과 귀 두 쌍을 재단한다 (시접 7mm).

3 흰색과 검은색 펠트를 크기가 다르게 잘라 눈 한 쌍을 만들고 눈과 눈알을 글루건이나 실로 고정한다.

4 1에서 재단한 문어 몸통 두 장 중 한 장의 겉면에 3에서 만든 펠트 눈 한 쌍을 홈질로 고정한다.

5 4에서 만든 문어 몸통에 빨간색 자수실로 박음질해 문어 입을 수 놓는다.

6 다리 만들기 2에서 재단한 문어 다리 원단을 겉면이 마주 보도록 겹쳐 윗면을 제외한 가장자리를 홈질로 바느질 한 후 뒤집는다(5회 반복).

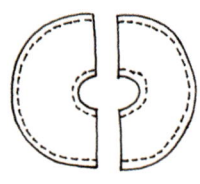  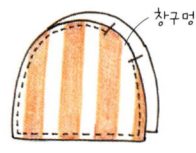

7 귀 만들기 2에서 재단한 문어 귀 원단을 겉면이 마주 보도록 겹쳐 몸통과 닿는 부분을 제외한 가장자리를 홈질로 바느질 한 후 뒤집는다(2회 반복).

8 5에서 만든 몸통 원단 뒷 면에 6과 7에서 만든 다리와 귀를 뒤집어서 올려놓는다. 이 때 5cm 정도 크기의 리본 끈을 반으로 접어 문어 머리 가운데에 놓는다.

9 몸통의 나머지 한 장을 8위에 겹쳐놓고 가장자리를 홈질한다(시접 7mm). 이 때 리본 끈 옆 3cm 정도에 창구멍을 남겨 놓는다.

10 9를 창구멍으로 뒤집은 후 솜과 소리 도구를 넣는다.

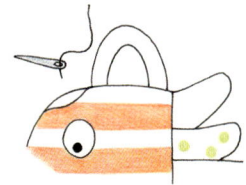

11 창구멍을 공그르기 한다.

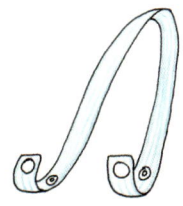

12 유모차에 매달았을 때 아이가 만질 수 있는 길이로 리본 끈을 자르고 리본 끈 양쪽 끝이 5cm 정도 마주보는 곳에 똑딱 단추(스냅 단추)를 달아준다.

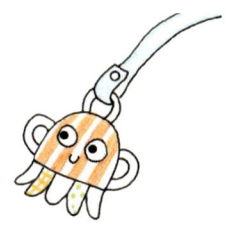

13 12에서 만든 리본 끈 한쪽 끝에는 인형을, 다른 쪽 끝은 유모차에 걸어서 완성한다.

TIP
도안을 원단에 대고 그린 후 시접을 7mm 정도 바깥 선으로 그려 재단해 주세요. 몸통 크기가 작아서 다리를 넣고 바느질할 때 자리가 모자랄 수 있어요. 이럴 때는 다리를 서로 겹쳐 놓아주세요. 스냅 단추는 손바느질로 다는 것과 기구를 이용해 다는 것 두 가지 종류가 있어요. 한 번만 사용한다면 손바느질로 다는 스냅 단추를 이용하세요. 스냅 단추 기구는 사용법이 간단하고 스카프빕을 만드는 데에도 유용해서 구입을 추천해드려요.

쿵쿵
분유통 작은북

아이를 키우면서 흔하게
볼 수 있는 분유통을 재활용해 보세요.
분유통으로 북을 만들어
놀잇감으로 활용해요.

분유통 작은북 만들기

난이도
★☆☆

완성품 크기
14 × 15cm

· 재료
빈 분유통 1개, 빨간색·흰색 하드펠트(45×20cm), 베이지색 소프트펠트

  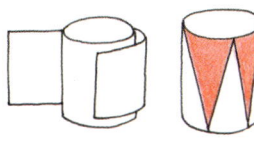 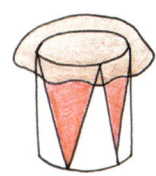

1 흰색 펠트를 직사각형으로, 빨간색 펠트를 삼각형과 긴띠 모양으로, 베이지색 소프트펠트를 원형으로 재단한다.

2 분유통 옆면을 흰색 하드펠트로 감싸고 그 위에 빨간색 삼각형 하드펠트를 글루건으로 붙인다. 이때 분유통의 방향은 뚜껑이 열리는 면을 아래쪽을 향하게 한다.

3 베이지색 소프트펠트로 분유통 윗면을 완전히 덮고, 2cm 정도 옆으로 내려오도록 모양을 잡아 준 후 글루건으로 고정한다.

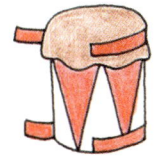

4 3에서 만든 분유통의 윗면 옆쪽에 1에서 긴띠 모양으로 재단한 빨간색 하드펠트로 베이지색 소프트펠트 위를 감싸 고정시키고 아래쪽도 같은 방법으로 빨간색 펠트를 둘러서 완성한다.

숟가락 막대 만들기

· 재료
플라스틱 숟가락, 폼폼 1개, 원형으로 재단한 원단(지름 12cm), 매듭용 실

1 숟가락 오목한 부분에 폼폼을 올려놓다.

1 숟가락을 원단으로 감싸 밑 부분을 실로 묶어 매듭지어 완성한다.

맛있는
아이스크림 쌓기 놀이

콘 위에 하나 둘 색색의
달콤한 아이스크림을 쌓는 놀이에요.
아이는 쌓기 놀이를 통해
점진적으로 늘어나는 수의 개념을
배울 수 있어요.

아이스크림 쌓기 놀이 만들기

- **재료**
  여러 가지 색상의 하드펠트 9장(아이보리색, 베이지색, 진핑크색, 청록색, 노란색, 파란색, 분홍색, 주황색, 갈색)

난이도
★☆☆

완성품 크기
11×25㎝

1 7가지 색상의 펠트를 아이스크림 스쿱 모양으로, 베이지색 펠트를 콘 모양으로, 아이보리 색 펠트를 원형으로 각각 두 장 씩 잘라 준비한다.

2 1에서 재단한 아이보리색 원형 펠트 한 쌍의 가장자리를 홈질로 고정한다.

3 콘 모양 펠트 사이에 2에서 완성한 아이보리 색 원형 펠트를 넣고 홈질로 고정시킨 후 콘의 가장자리도 홈질한다.

TIP
바느질 대신 글루건을 사용하면 손쉽게 펠트를 고정시킬 수 있어요. 아이스크림 가장자리를 바느질하거나 붙일 때 가장자리 시접을 많이 남기면 아이스크림을 끼울 때 잘 안 들어 갈 수 있으니 시접 처리를 잘해주셔야 해요. 콘 모양 펠트 위에 사선으로 무늬를 내주면 완성도 높은 아이스크림이 됩니다.

4 1에서 재단한 아이스크림 스쿱 모양 펠트를 같은 색상 펠트끼리 겹쳐 하단을 제외한 가장자리를 홈질한다.

5 3에서 완성한 아이스크림 콘 위에 4에서 완성한 스쿱을 쌓아서 놀이한다.

시원한 아이스크림
컬러 매칭 놀이

아이스크림 바 모양의 펠트에
같은 색상의 막대를 끼워 아이가 색깔을 익힐 수 있어요.

아이스크림 컬러 매칭 놀이 만들기

- **재료**
  무지개색 하드펠트 6장(빨간색, 주황색, 노란색, 초록색, 파란색, 보라색),
  컬러 하드 바 6개(폭 1.8cm)

난이도
★☆☆

완성품 크기
7 × 15cm

1 무지개색 하드펠트 여섯 장을 아이스크림 모양으로 각각 두 장씩 재단한다.

2 1에서 재단한 펠트 두 장을 겹쳐 놓고 밑면을 제외한 가장자리를 홈질한다.

3 펠트와 같은색 하드 바를 끼워 완성한다.

TIP
컬러 하드 바는 유아교구 쇼핑몰에서 묶음으로 구입 가능해요. 작은 것(1cm)과 큰 것(1.8cm)이 있으니 아이가 사용하기 편한 크기로 선택해 구입하세요. 바느질 대신 글루건을 사용하면 손쉽게 펠트를 고정시킬 수 있어요. 펠트를 바느질할 때 시작과 끝부분은 여러 번 겹쳐 바느질하면 튼튼해요.

아이가 똑똑해지는
손바닥 숫자 놀이

아이 손바닥이 그려진
숫자판을 만들어 놀이해 보세요.
숫자를 익히거나 무작위로 늘어놓은
숫자판 위를 순서대로 걸어보는
놀이를 할 수 있어요.

손바닥 숫자 놀이 만들기

- **재료**
  여러 가지 색상의 하드펠트(흰색, 회색, 노란색, 초록색, 하늘색, 파란색), 패턴 원단 9장, 글루건

난이도
★★☆

완성품 크기
13×13cm

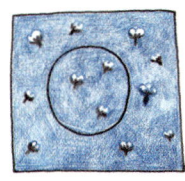

1 여러 가지 색상의 하드펠트를 손바닥, 숫자, 원형 모양으로 재단한다.

2 1에서 재단한 원형 펠트와 같은 크기로 패턴 원단을 재단하고 펠트 위에 글루건으로 붙인다.

3 원형 펠트 위에 손바닥 모양 펠트를 붙이고 그 위에 숫자 펠트를 글루건으로 고정시켜 완성한다.

TIP
원의 크기는 아이의 손 크기에 맞춰 넉넉한 크기로 재단해주세요. 완성된 숫자판을 바닥에 깔아놓고, 엄마가 불러 주는 숫자를 찾아 콩콩 뛰어 옮겨가는 놀이를 통해 숫자도 알고 몸 놀이도 함께 즐길 수 있어요. 이때 바닥에 닿는 펠트는 미끄럼 방지 펠트를 사용하거나 테이프를 붙여 미끄러지지 않게 해주세요.

오색 펠트 도형 놀이

삼각형, 사각형, 원형의 도형을 만들어 보세요.
아이들이 놀면서 도형과 색에 대해 익힐 수 있어요.

도형 놀이 만들기

· **재료**
여러 가지 색상의 하드펠트 9장(빨간색, 주황색, 노란색, 초록색, 파란색, 연두색, 회색, 갈색)

난이도
★☆☆

완성품 크기
6×6㎝ 외 다수

 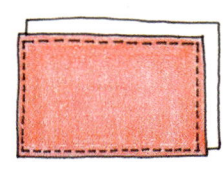  

1 여러 가지 색상의 하드펠트를 세모, 네모, 동그라미, 직사각형, 직각삼각형으로 각각 열 장씩 재단하여 준비한다.

2 같은 모양 펠트 두 장씩을 겹쳐 가장자리를 홈질하거나 글루건으로 고정한다.

3 도형을 자유롭게 배치하여 여러 가지 모양을 만들어 본다.

TIP
펠트만으로는 색감이 단조로울 수 있어요. 이때 각 색상에 어울리는 원단을 펠트위에 바느질이나 글루건으로 붙여 보세요. 같은 모양이라도 패턴에 따라 여러 가지 분위기로 다양하게 연출할 수 있어요. 아이가 기본 형태에 익숙해지면 크기가 다양한 삼각형, 사각형, 오각형의 도형을 추가해 보세요. 더 많은 형태를 표현하는 재미를 느낄 수 있어요.

오색 펠트 정리 가방

삼각형, 사각형, 원형의 오색 펠트 도형을
보관할 수 있는 정리 가방을 만들어 보세요.
놀이가 끝난 후에는 아이 스스로
정리하는 습관을 키워주세요.

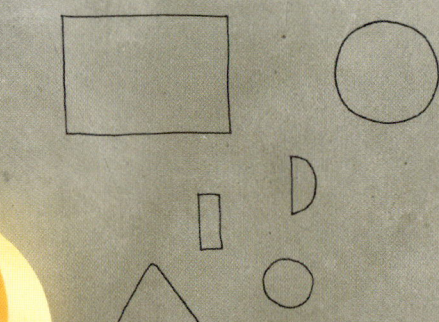

정리 가방 만들기

난이도
★★☆

완성품 크기
40×40cm

- **재료**
  파란색, 연두색 하드펠트(60×40cm), 원단 1/8마, 손잡이 끈 1마

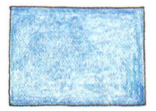   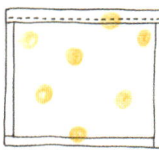

1 두 가지 색상 펠트를 가로 60cm, 세로 40cm 길이로 재단한다.

2 원단을 주머니 크기(24×22cm)로 재단한다.

3 주머니 모양 원단 가장자리 시접을 1cm 씩 접고 주머니 윗부분이 될 시접을 홈질한다.

 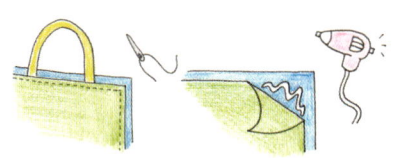

4 1에서 재단한 펠트 한 장을 반으로 접고 가운데에 3에서 만든 주머니의 입구를 제외한 부분을 홈질한다(펠트의 한 쪽 면에만 바느질 되도록 한다).

5 4에서 주머니를 고정시킨 펠트 안쪽 면과 1에서 재단한 같은 크기의 펠트를 겹쳐놓고 반으로 접은 후 겹쳐지지 않은 양끝 선 가운데에 손잡이 끈을 넣어 시침핀으로 고정시킨다. 펠트 가장자리를 홈질로 바느질하거나 글루건으로 고정시켜 완성한다.

TIP
각 도형에 대한 탐색을 마치면 정리 가방을 이용해서 정리하는 습관을 들여보세요.
손잡이 끈이 없다면 펠트를 손잡이 길이로 잘라 사용할 수 있어요(도안 있음).

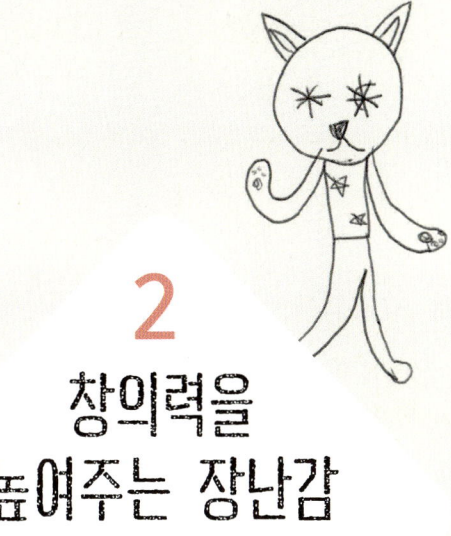

2
창의력을
높여주는 장난감

아이의 촉감발달과
상상력발달에 도움을
주는 교구

부엉부엉
부엉이 손수건 치발기

이빨이 나기 시작해 잇몸이 간질간질한 아이들이
입으로 물고 놀기 좋은 손수건 치발기에요.

부엉이 손수건 치발기 만들기

난이도
★★☆

완성품 크기
20×25cm

- **재료**
  타월 원단과 패턴 원단 1/8마, 여러 가지 색상의 펠트(회색, 하늘색, 갈색, 초록색 (하드·소프트 둘 다 사용 가능)), 여러 가지 리본 끈

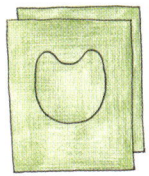

1 타월 원단과 패턴 원단을 겉면이 마주 보도록 겹쳐놓고 부엉이 모양으로 재단한다.

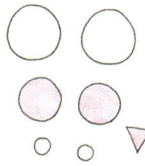

2 여러 가지 색상 펠트를 부엉이 눈 모양으로 여섯 장, 코 모양으로 한 장 재단한다.

3 2에서 재단한 펠트로 부엉이 눈과 코를 만들어 1에서 재단한 패턴 원단 겉면에 홈질로 고정한다.

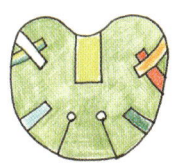

4 3의 부엉이 모양 원단 위에 여러 가지 리본 끈을 반으로 접어 원하는 위치에 접힌 면이 안쪽을 향하도록 놓고 시침핀으로 고정한다.

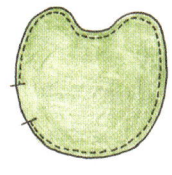

5 그 위에 1에서 재단한 나머지 원단을 겉면이 마주 보도록 겹쳐 5cm 정도의 창구멍을 남기고 홈질한다.

6 5를 창구멍으로 뒤집어서 공그르기로 바느질해 완성한다. 가장자리를 홈질로 한번 더 바느질하면 좀 더 튼튼하게 완성된다.

TIP
부엉이 몸체 중 하나를 타올지나 극세사 같이 촉감이 느껴지는 원단을 사용하면 좋아요. 리본 끈은 면, 공단, 엘라스틱 밴드, 레이스 등으로 다양하게 사용하면 손으로 만지는 질감이 달라 촉감 놀이에 도움이 되죠.

과일로 배우는 숫자 촉감책

서로 다른 촉감이 느껴지는
재료를 사용하여 만든 촉감책이에요.
책처럼 넘기면서 놀이하면 아이의 촉감 발달에 좋아요.

숫자 촉감책 만들기

- **재료**
  패턴 원단 5종류와 단색 원단 각각 1/8마, 여러 가지 색상의 소프트펠트
  (노란색, 진핑크색, 초록색, 연두색, 갈색, 빨간색, 하늘색, 아이보리색), 접착 솜 1/4마

난이도
★★★

완성품 크기
20×20cm

1 패턴 원단과 단색 원단을 가로 42cm, 세로 22cm 크기로 자른다.

2 펠트를 숫자와 과일 모양으로 자른다.

3 2에서 자른 펠트를 1에서 자른 원단에 페이지가 맞도록 바느질로 고정한다. 이때 필요한 부분에 자수를 더 해준다(생략 가능).

4 3에서 완성한 바탕원단 안쪽 면에 39×19cm로 자른 접착 솜을 다리미로 고정시킨다(페이지에 맞게 3회 반복).

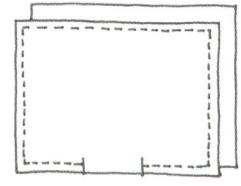

5 접착 솜을 붙인 바탕 원단 겉면과 다른 쪽 겉면을 겹쳐 가장자리에 창구멍을 남기고 홈질로 바느질한 후 뒤집어 공그르기로 마무리한다(페이지에 맞게 3회 반복).

6 이렇게 완성된 세 장의 페이지를 겹쳐놓고 가운데를 홈질로 바느질하여 연결한다.

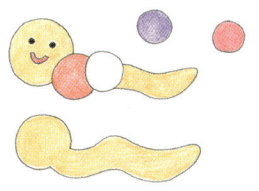

7 펠트를 잘라 애벌레 모양의 손잡이를 만든다.

8 6에서 완성한 책을 반으로 접어 7에서 만든 손잡이를 커버 뒷면에 바느질로 고정한다.

9 애벌레 손잡이 앞과 커버 앞면이 만나는 곳에 벨크로 한 쌍을 바느질로 고정시켜 열고 닫을 수 있는 손잡이를 만들어 완성한다.

말랑말랑
곰 인형 친구

말랑말랑 부드러운 촉감에
딸랑딸랑 소리가 나는 촉감 곰 인형이에요.
부드러운 촉감으로 신생아의
촉감 발달에 도움을 줘요.

곰 인형 친구 만들기

· **재료**
패턴 원단 1/4마, 자수실, 소리 도구, 솜 200g

난이도
★★☆

완성품 크기
15×20cm

1 패턴 원단을 마주보게 겹쳐놓고 곰 모양으로 재단한다.

2 1에서 재단한 곰 원단 한 장의 겉면에 눈, 코, 입을 수놓는다.

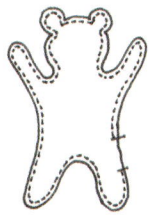

3 2에서 완성한 원단을 겉면이 마주 보도록 겹쳐놓고 창구멍을 남겨 가장자리를 홈질이나 박음질로 바느질한다.

4 창구멍으로 뒤집어 솜과 소리 도구를 넣고 공그르기로 바느질해 완성한다.

TIP
다이마루 원단이나 작아진 엄마 티셔츠 등을 사용하면 부드러운 촉감을 느낄 수 있어요. 촉감과 패턴이 다른 원단으로 만들면 다른 느낌의 인형도 만들 수 있답니다.

부드러운
단추 끼우기 놀이

단추 모양 펠트에 실을 끼우는
놀잇감을 만들어보세요.
작은 구멍으로 실을 통과시켜야 하기 때문에
집중력과 소근육을 발달시킬 수 있어요.

단추 끼우기 놀이 만들기

난이도
★☆☆

완성품 크기
6×60㎝

· **재료**
여러 가지 색상의 2mm 펠트(회색, 연분홍색, 빨간색, 하늘색, 파란색, 연두색), 60cm 두꺼운 끈

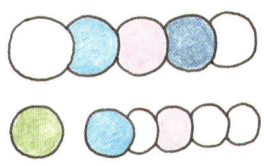

1 여러 가지 색상의 2mm 펠트를 지름 6cm와 4cm 크기의 원으로 재단한다.

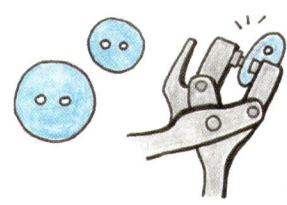

2 1에서 재단한 원형 펠트 중앙에 펀치나 아일렛펀치로 단춧구멍을 낸다.

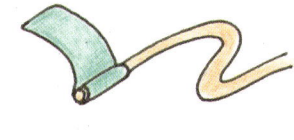

3 끈의 가장자리를 테이핑하여 단단하게 만든다.

4 원형 펠트에 줄을 끼워 완성한다.

TIP
운동화 끈을 사용하면 테이핑 할 필요가 없어 편리해요.
두 끈을 매듭지어 목걸이처럼 목에 걸고 놀이할 수 있어요.

호기심 발바닥
촉감 판 만들기

한 걸음 두 걸음 내딛을 때 마다
발바닥에 느껴지는 촉감이 달라지는 놀이에요.
부드럽다가 거칠었다가 울퉁불퉁하게 변하는 촉감 판으로
발바닥의 감각세포를 자극해 보세요.

발바닥 촉감 판 만들기

- **재료**
  미끄럼방지 펠트, 1cm 크기의 **폼폼**이나 솜방울, 반짝이 원단·망사 원단·털 원단 각 1/8마, 골판지(10×10cm)

난이도
★☆☆

완성품 크기
8×15cm

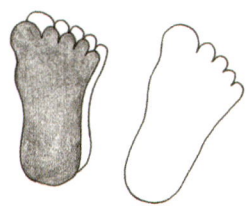

1 미끄럼방지 펠트를 발바닥 모양으로 여러 장 재단한다.

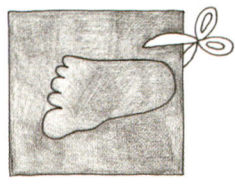

2 촉감 재료를 발바닥 모양으로 재단한다.

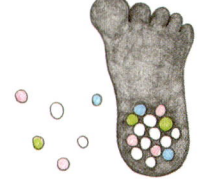

3 촉감 재료를 양면테이프나 글루건으로 펠트에 고정시켜 완성한다.

TIP
아이가 재미있어할 만한 촉감의 재료를 주변에서 찾아보세요(고무장갑, 에어캡 등).
바닥에 닿는 펠트는 아이가 밟고 미끄러지지 않도록 미끄럼 방지 펠트를 사용하거나 양면테이프를 붙여 주세요.

폭신폭신
촉감 놀이 매트

뒤집기를 하며 세상에 대한 호기심이 늘어가는 아이를 위한 놀이 매트를 만들어 보세요. 포근해서 뒹굴뒹굴 놀기 좋고 손과 입으로 만져볼 수 있는 리본들이 가득한 놀이 매트 위에서 즐거운 시간 보낼 수 있어요.

구름 만들기

- **재료**
  패턴 원단 3종류 각 1/4마, 회색 펠트, 리본 끈 3가지, 소리 도구 3개, 모양 단추 7개, 작은 방울 3개

난이도
★★☆

완성품 크기
90×90cm

1 세 가지 패턴 원단을 겉면이 마주 보도록 겹쳐 구름 모양으로 재단한다. 구름 아래 달아줄 리본 끈을 원하는 길이로 자르고 회색 펠트를 빗방울 모양으로 네 개 재단한다.

2 1에서 재단한 구름 원단을 겉면이 마주 보도록 겹쳐놓고 그 사이에 구름 밑변에 리본 끈의 끝선을 맞춰 시침핀으로 고정한 후 창구멍을 남기고 가장자리에서 1cm 안쪽으로 홈질로 바느질한다.

3 2에서 바느질한 구름을 뒤집어 리본 끈을 꺼내고 창구멍으로 솜과 소리 도구를 넣은 후 창구멍을 공그르기로 바느질한다. 나머지 구름도 같은 방법으로 완성한다.

4 각 구름에 고정시킨 리본 끈에 단추와 방울, 빗방울 펠트를 배치하여 바느질로 고정한다.

매트 만들기

- **재료**
  패턴 면 원단 1마(매트용), 누빔 원단 1마, 패턴 원단 1/2마(바이어스용)

난이도
★ ★ ★

완성품 크기
90 × 90cm

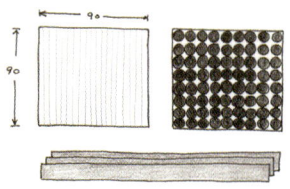

1 매트용 패턴 원단과 누빔 원단을 가로, 세로 길이 90cm로 재단한다. 바이어스로 쓸 원단을 폭 7cm 길이로 길게 네 장 재단한다.

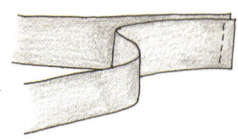

2 1에서 재단한 바이어스 원단 가장자리를 겉면이 마주 보도록 겹쳐 홈질로 바느질하고 길이가 늘어나는 방향으로 쭉 이어준다.

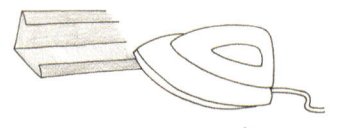

3 2에서 연결한 바이어스 겉면이 밖을 향하도록 반으로 접어 다림질한 후 양끝 선을 1cm 안으로 다시 접어 다림질한다.

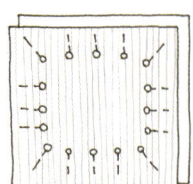

4 1에서 재단한 매트용 원단 두 장을 겉면이 밖을 향하도록 겹치고 움직이지 않도록 가장자리를 시침핀으로 고정한다.

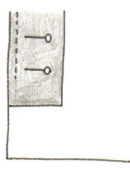

5 3에서 만든 바이어스를 안쪽 면이 위를 향하게 위치하고 4의 원단 가장자리를 따라 시침핀으로 고정한다.

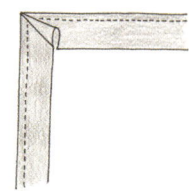

6 5에서 고정한 바이어스의 선을 따라 홈질로 바느질한다. 이때 시작점은 맨 끝 가장자리에서 2cm 정도 남겨두고 시작하고 마지막 시접도 2cm 정도 남기고 자른다.

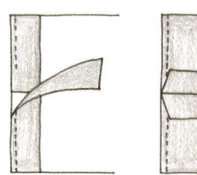

7 6의 바느질이 시작되는 점과 끝나는 점 양 시접을 접어 끝 선이 만나도록 하고 공그르기로 사이를 이어준다.

8 바느질이 끝난 바이어스를 감싸듯이 뒤집은 후 다림질 선을 따라 안쪽으로 접어 넣고 시침핀으로 고정한다. 매트 원단과 바이어스 접힌 면을 공그르기로 완성한다.

매트와 구름 연결하기

- **재료**
  회색 펠트(15×10cm), 나무 단추 3개

난이도
★ ☆ ☆

완성품 크기
90×90cm

  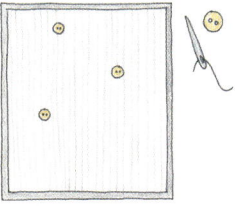

1 펠트를 반원 모양으로 재단한 후 반으로 접어 가운데에 세로로 가위집을 낸다. 이때 가위집의 길이는 매트에 달 단추 길이에 맞춘다.

2 구름 뒷면 상단에 1의 펠트를 홈질로 연결한다.

3 매트에 구름을 달아줄 곳을 수성 펜으로 표시한 후 단추를 단다.

4 3의 단추에 2에서 완성한 구름을 달아 매트와 구름을 연결한다.

TIP
아이가 누워서 노는 면은 밝은 계열의 단색 누빔 원단을, 그 뒷면은 컬러와 패턴이 강한 원단을 추천해요. 아이 개월 수와 물고 빠는 습관 등을 고려하여 구름 리본에 다는 단추와 방울, 펠트 등을 생략하거나 개수를 조정해 주세요. 매트와 구름은 분리가 가능하니 외출 시 매트만 접어 휴대하여 기저귀 갈이대로 활용할 수 있어요.

어흥
사자 과녁 놀이

펠트를 이용해 귀여운 사자 얼굴을 만들어
공을 던져 맞추는 과녁 놀이를 해보세요.
고리를 이용해 벽면이나 문 앞에
붙였다 뗄 수 있어요.

사자 과녁 놀이 만들기

- **재료**
  갈색 하드펠트(40×40cm), 베이지색 하드펠트(25×25cm), 검은색·빨간색 펠트, 리본 끈 30cm, 베이지색 벨크로 한 쌍, 가벼운 플라스틱 공

난이도
★ ☆ ☆

완성품 크기
35×35cm

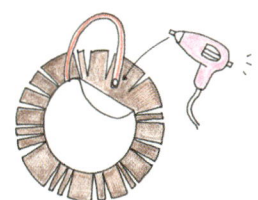

1 펠트를 사자 갈기와 얼굴 모양으로 재단한다.

2 사자 갈기과 얼굴 사이에 손잡이 끈을 넣고 글루건으로 붙인다.

3 1에서 재단한 펠트를 글루건으로 고정시켜 사자 얼굴을 만든다.

TIP
공은 가벼운 것을 사용하세요. 무게가 나가는 공은 벽에 상처를 남길 수 있어요. 저는 볼풀용 공을 사용했어요.

4 3에서 만든 사자 얼굴 위에 베이지색 벨크로의 부드러운 면을 원형으로 잘라 패턴처럼 홈질이나 글루건으로 고정시킨다.

5 플라스틱 공에 베이지색 벨크로의 거친 면을 원형으로 잘라 글루건으로 붙이면 완성.

재잘재잘 말하는
여우 손 인형 만들기

아이들한테 책은 참 좋은 친구에요.
책을 재미있게 읽어 주는 방법은 여러 가지가 있지만
여우가 읽어주는 책은 어떨까요?
장갑처럼 손에 끼우고 이야기 들려줄 때 사용해 보세요.
여우가 들려주는 이야기에 아이가 좀 더 집중하게 될 거에요.

여우 손 인형 만들기

- 재료
  주황색 소프트펠트(20×25cm), 흰색·검은색 소프트펠트

난이도
★☆☆

완성품 크기
16×21cm

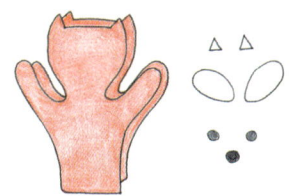  

1 준비 된 펠트를 여우 몸통 모양과 눈, 귀, 얼굴 모양으로 두 장씩, 동그라미 모양으로 한 장 재단한다.

2 여우 몸통 모양 펠트 한 장의 겉면 위에 얼굴 모양 펠트를 올려놓고 홈질로 바느질해 고정한다.

3 3에서 완성한 몸통과 다른 한 장을 겹쳐 밑면을 제외한 나머지 가장자리를 홈질이나 버튼홀스티치로 바느질하여 완성한다.

TIP
바느질 대신 글루건을 사용하면 손쉽게 완성할 수 있어요. 소프트펠트가 없다면 하드펠트를 대신 사용할 수 있지만 소프트펠트를 사용하는 것이 부드럽고 손의 움직임을 더 잘 표현할 수 있어요. 여우 말고 부엉이나, 토끼, 곰 등 아이가 좋아하는 다른 동물 모양으로 응용해서 만들 수 있어요. 아이가 좋아하는 동화 속 주인공 동물 모양으로 여러 개 만들어 엄마, 아빠, 아이가 각자 역할을 맡아 연극처럼 책을 읽어 보세요.

꼬불꼬불 자동차 매트

자동차는 남자아이의 단짝 친구에요.
어디든 가지고 다니면서 신나게 놀이할 수 있는
펠트 자동차와 자동차 길 매트를 만들어 보세요.

자동차 매트 만들기

- **재료**
  흰색 펠트 1마, 패턴 원단 1/2마, 벨크로 한 쌍, 핸들 20cm

난이도
★★★

완성품 크기
30×75cm

1 흰색 펠트를 가로 75cm, 세로 30cm 길이로 두 장, 원단을 가로 78cm, 세로 33cm 크기로 재단한다.

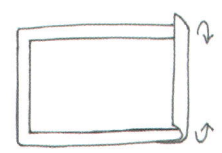

2 1에서 재단한 원단의 안 쪽 면이 위를 향하게 놓고 그 위에 흰색 펠트 한 장을 겹친 후 가장 자리의 원단을 감싸듯이 접어 글루건으로 원단과 펠트를 고정한다.

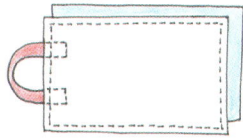

3 2에서 원단으로 감싼 펠트와 다른 펠트 한 쪽을 겹친 후 가장자리를 홈질한다. 이때 짧은 면의 가운데 부분 펠트 사이에 핸들을 넣어 같이 바느질한다.

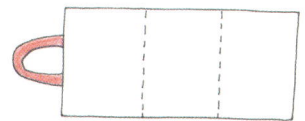

4 3에서 바느질한 펠트에 삼등분하는 선을 수성펜으로 그린 후 홈질로 바느질하여 접기 쉽게 만든다.

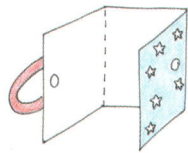

5 4에서 만든 바느질 한 선을 따라 두 번 접어 포개지는 양 끝을 수성펜으로 표시하고 벨크로 한 쌍을 바느질로 고정한다.

TIP
매트용 펠트는 온라인 펠트 쇼핑몰에서 마 단위로 구입해 사용하세요. 핸들 부분은 여러 번 겹쳐 튼튼하게 바느질하는 것이 오래 사용할 수 있어요.

자동차 + 자동차 길 만들기

· 재료
여러 가지 색상의 하드펠트(빨간색, 노란색, 하늘색, 파란색, 회색, 진노랑색, 초록색, 흰색, 진회색, 분홍색, 연두색, 갈색, 검정색), 벨크로

난이도
★★☆

완성품 크기
30×75㎝

1 여러 가지 색상의 하드펠트를 자동차, 나무, 꽃, 신호등, 집, 연못, 도로 모양으로 재단한다.

2 1에서 재단한 펠트를 자동차, 집, 신호등, 나무, 꽃, 중앙선 모양으로 조합하고 각각을 글루건으로 고정한다.

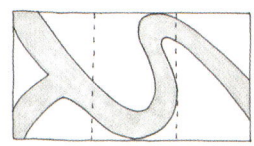

3 1에서 재단한 도로를 앞서 만든 매트의 펠트 면 위에 글루건으로 고정한다.

4 3에서 고정시킨 도로 위에 2에서 만든 중앙선을 글루건으로 고정시키고 도로 주변에 나무와 꽃, 집, 연못 등을 배치하고 글루건으로 고정한다.

5 2에서 만든 자동차와 신호등 뒤에 벨크로 거친 면을 바느질로 고정한다.

TIP
자동차의 종류는 아이가 좋아하는 모양으로 추가해서 만들어 사용할 수 있어요. 벨크로는 글루건을 사용하여 고정할 수 있지만 여러 번 사용하다 보면 벨크로가 떨어질 수 있으니 바느질로 고정하는 것이 튼튼해요. 하드펠트 위에 붙는 벨크로의 접착력이 약하다면 벨크로의 부드러운 면을 랜덤으로 매트 위에 바느질하여 고정해 주세요.

신기한
물고기 비닐 놀이

물고기는 반짝반짝 빛나는 비닐을 가진 특성이 있어요.
비닐 물고기를 만들어 아이에게 물고기 특성을 알려주고
떼었다 붙였다 하는 비닐로 마음에 드는 패턴을 만들어 볼 수 있어요.

물고기 비닐 놀이 만들기

- **재료**
  하늘색 하드펠트(20×50cm), 여러 가지 색상의 하드펠트(파란색, 분홍색, 진분홍색, 노란색, 빨간색, 보라색, 청록색, 흰색, 검정색), 패턴 펠트, 반짝이 펠트, 벨크로

난이도
★ ☆ ☆

완성품 크기
22×17cm

1 하늘색 펠트를 물고기 모양으로 두 장, 여러 가지 색상 하드펠트를 눈, 입 모양으로 한 장 씩 그리고 비닐 모양으로 여러 장 재단한다. 비닐 모양 재단 시 반짝이 펠트와 패턴 펠트를 섞어서 사용한다.

2 1에서 자른 물고기 모양 펠트 두 장을 겹쳐 글루건으로 고정시키고 그 위에 눈과 입을 같은 방법으로 고정한다.

3 몸통 위에 1, 2에서 재단한 색색의 비늘을 올려 서로의 위치를 확인한 다음 벨크로 한 쌍을 몸통과 비늘 양 쪽에 글루건으로 고정한다.

TIP

반짝이 펠트나 패턴 펠트가 없다면 여러 가지 패턴의 원단이나 패브릭 스티커를 이용하여 물고기 비늘을 만들 수 있어요. 자투리 원단을 비닐 모양으로 자른 펠트 위에 글루건으로 붙여서 사용하세요.

눈 큰 개구리
종이컵 망원경

주변에서 흔하게 구할 수 있는
종이컵을 활용해서
재미있는 개구리 망원경을
만들어 보세요.

개구리 종이컵 망원경 만들기

- **재료**
  종이컵 2개, 여러 가지 색상의 하드펠트(초록색, 갈색, 흰색, 빨간색), 리본 끈

난이도
★☆☆

완성품 크기
16 × 11cm
(끈 제외)

1 펠트를 개구리 눈과 혀 모양으로 재단한다.

2 종이컵 두 개의 밑면을 오려낸다.

3 종이컵 두 개의 옆면을 글루건을 이용해 붙인다.

4 1에서 재단한 눈과 혀 모양 펠트를 3에서 만든 종이컵에 글루건으로 고정한다.

5 4에서 완성한 종이컵 옆면에 송곳으로 구멍을 내 그 속으로 리본 끈의 양 쪽 끝을 통과한 후 매듭을 지어 완성한다.

TIP
개구리 말고 꽃, 곰돌이 등 다른 모양으로도 응용하여 만들 수 있어요.

여러 가지 얼굴
표정 놀이 매트

감정이 풍부한 우리 아이는
시시각각 표정이 변해요.
이런 우리 아이를 닮은 표정 놀이를
해볼까요?

표정 놀이 매트 만들기

난이도
★★☆

완성품 크기
60×28cm

· **재료**
분홍색 하드펠트 1/2마, 패턴 원단 1/2마, 벨크로 테이프 한 쌍, 손잡이 끈 1마

  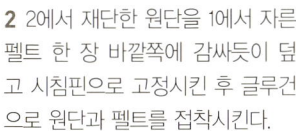 

1 분홍색 펠트를 가로 63×23cm 크기로 두 장 재단하고 패턴 원단을 67×27cm 크기로 재단한다.

2 2에서 재단한 원단을 1에서 자른 펠트 한 장 바깥쪽에 감싸듯이 덮고 시침핀으로 고정시킨 후 글루건으로 원단과 펠트를 접착시킨다.

3 2에서 원단을 감싼 펠트의 안쪽 면과 1에서 재단한 같은 크기의 펠트를 겹치고 가장자리를 홈질로 바느질하여 고정시킨다. 이때 가로 길이를 삼등분한 가운데와 오른쪽 윗면 가운데에 손잡이를 펠트 사이에 넣고 같이 바느질한다.

4 3에서 완성한 매트를 삼단으로 접은 후 포개지는 면에 벨크로 테이프 한 쌍을 잘라 홈질로 바느질하여 완성한다.

TIP
남아용으로 만들 경우는 푸른색 계열의 펠트와 원단을 선택해도 좋아요.

여러 가지 얼굴 표정

살짝 찡그린 표정, 뾰로통한 표정,
웃을까 말까하는 표정과 환하게 웃는 표정 등
위치와 모양을 바꿔가면서 만들어 보세요.
감정 교감이 되는 즐거운 놀이 시간이
될 거에요.

얼굴 표정 만들기

• **재료**
여러 가지 색상의 하드펠트(노란색, 주황색, 회색, 분홍색, 진분홍색, 빨강색, 파란색, 흰색, 살구색), 벨크로 테이프

난이도
★★★

완성품 크기
다양

1 살구색 펠트 한 장을 얼굴 모양으로, 여러 가지 색상 펠트를 머리 모양, 눈, 코, 입, 머리핀, 고깔 등으로 재단한다.

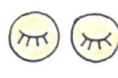

2 동그란 흰색 펠트 위에 감은 눈을 수놓는다.

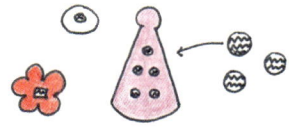

3 1에서 재단한 펠트 뒷면에 벨크로 테이프 거친 면을 붙이고 펠트를 꾸며 완성 모양을 만든다.

4 얼굴 모양 펠트를 표정 놀이 매트의 중앙에 글루건으로 고정시키고 이마 중앙에(머리 모양이 놓여질 부분) 벨크로 테이프의 부드러운 면을 붙인다.

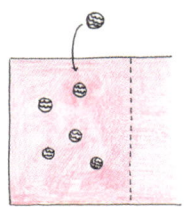

5 매트의 중앙에 있는 얼굴 왼쪽엔 머리 모양 펠트가 놓이도록 매트에 벨크로 테이프의 부드러운 면을 붙인다.

6 매트의 가장 오른쪽 면에는 1에서 자른 눈, 코, 입, 액세서리 등의 펠트가 위치할 수 있도록 매트에 벨크로 테이프의 부드러운 면을 붙인다.

TIP
벨크로 테이프를 붙일 때 매트에 고정되는 부분은 부드러운 면을, 떼었다 붙였다 하는 부분은 거친면을 붙이면 돼요. 얼굴 표정과 머리용 펠트 모양은 아이가 평소에 좋아하는 색과 형태로 바꿔서 응용해 보세요. 아이가 더 좋아하는 놀이가 될 거에요.

7 매트의 왼쪽과 오른쪽에 3에서 만든 펠트를 붙여서 완성한다.

아이가 그리는 나비 모양 쿠션

아이의 그림이 그려진 나비 모양 쿠션이에요.
방 천장에 걸어두면 모빌 같은 장식이 되면서
아이 그림도 감상할 수 있어요.

나비 모양 쿠션 만들기

- **재료**
  흰 색 원단 1/4마, 패턴 원단 2종류 1/4마씩, 하드펠트, 자수실

난이도
★★★

완성품 크기
40×30cm

 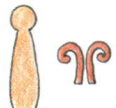   

1 흰색 원단과 패턴 원단의 겉면이 마주 보도록 겹쳐 나비 날개 모양으로 재단하고, 또 다른 패턴 원단을 겹쳐 나비 몸통 모양으로 재단한다. 주황색 펠트는 더듬이 모양으로 두 개 재단한다.

2 1에서 재단한 몸통 원단 한 장의 머리 부분 겉면에 눈과 코를 수놓는다.

3 2의 몸통 원단을 겉면을 마주 보도록 겹친 후 그 사이에 더듬이를 넣고 움직이지 않도록 시침핀으로 고정한다. 몸통의 가장자리는 창구멍을 남기고 홈질로 바느질한다.

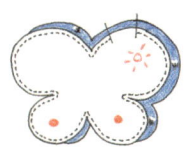  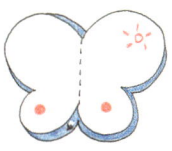

4 1에서 재단한 날개 모양 원단을 겉면이 마주 보도록 겹친 후 가장자리에 창구멍을 남기고 홈질한다.

5 3과 4에서 바느질한 몸통과 날개를 창구멍으로 뒤집은 후 솜을 넣고 각각 공그르기로 마무리한다.

6 5에서 완성한 날개 가운데를 흰색 실을 이용해 세로로 시침질한다.

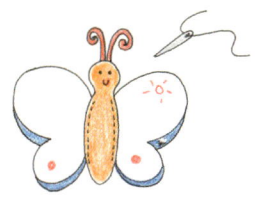 

7 6에서 시침질한 부분에 몸통을 겹쳐놓고 공그르기로 바느질하여 날개와 몸통을 연결한다.

8 흰 날개 부분에는 아이가 패브릭펜이나 크레용으로 그림을 그린다. 그림을 그린 부분은 다림질해 완성한다.

TIP
아이가 처음부터 원하는 그림을 그리기 힘들 수 있으니 종이에 연습을 여러 번 해보고 원단에 그릴 수 있도록 해주세요. 형태가 정확하지 않은 아이 그림에 짙은 색을 많이 사용하면 낙서처럼 보여 완성도가 떨어져요. 밝은 색상 위주로 사용하는 것이 좋아요.

3
생활습관을 길러주는 장난감

아이의 집중력 발달에
도움을 주는 교구

기억력 쑥쑥 메모리 게임

카드의 모양과 위치를 기억해서 짝을 맞추는 놀이입니다. 처음에는 4장의 카드로 시작해 점점 카드 수를 늘려 좀 더 많은 카드를 기억하게 도와주세요.

메모리 게임 만들기

- **재료**
  남색 2mm 펠트(30×40cm), 흰색 하드펠트, 검은색 자수실

난이도
★ ☆ ☆

완성품 크기
8×8cm
(1장 크기)

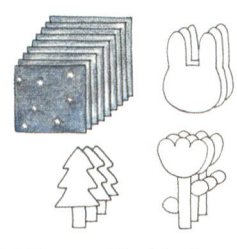

1 남색 2mm 펠트를 가로, 세로 8cm 크기로 열두 장, 흰색 하드 펠트를 토끼, 나무, 꽃 모양으로 네 장씩 재단한다.

2 검은색 자수실로 흰색 토끼 네 장의 눈, 입을 수놓는다.

3 1에서 정사각형으로 재단한 펠트 중앙에 1과 2에서 완성한 모양 펠트를 글루건으로 고정시켜 완성한다.

TIP
게임 방법
카드를 무작위로 섞은 후 도형이 있는 면이 보이도록 카드를 줄 맞춰 사각형을 만든다. 같은 카드가 있는 위치를 기억하게 한 다음 카드를 도형이 안보이게 뒤집는다. 한 장씩 뒤집어 가면서 같은 카드끼리 맞춰 뒤집어 놓는다. 더 많이 맞춘 사람에게 상을 준다.

맛있는 채소 퍼즐

채소 먹기를 꺼리는 아이를 위한 채소랑 친해지는 퍼즐이에요.
길쭉한 채소를 삼등분하여 조각으로 만들고 섞은 다음 형태를 맞춰보세요.
채소의 이름과 형태를 알고 나면 아이와 채소가 더 친해지겠죠?

채소 퍼즐 만들기

- **재료**
  여러 가지 색상의 하드펠트(보라색, 초록색, 주황색, 청록색, 연두색, 진핑크색, 민트색, 아이보리색)

난이도
★ ☆ ☆

완성품 크기
10×30cm

1 세 가지 색상의 펠트를 가로 10cm, 세로 30cm 크기의 직사각형으로 재단하고 나머지 펠트로 각각의 채소를 재단한다.

2 직사각형 펠트 위에 당근, 콩, 가지 모양 펠트를 글루건으로 고정한다.

3 2에서 만든 펠트를 가로, 세로 10cm 크기로 삼등분한다.

TIP
글루건 대신 바느질로 고정시키면 완성도가 높아져요. 무늬 펠트를 사용하면 더욱 재미있는 모양의 채소 퍼즐을 완성할 수 있어요.

손으로 잡는 물고기 낚시 놀이

낚싯대를 이용해서 물고기를 잡는 낚시 놀이를 해 보세요.
펠트로 만든 귀여운 물고기들을 낚으면서 수 개념을 배울 수 있고
집중력과 소근육을 발달시키는 데 도움이 돼요.

물고기 낚시 놀이 만들기

- **재료**
  파란색 계열 소프트펠트, 흰색·검정색 하드펠트, 나무 막대(30cm 정도), 끈, 원형 강력 자석 8개(지름 5mm), 강력 도넛 자석 1개(지름 13mm)

난이도
★★☆

완성품 크기
10×7cm 외

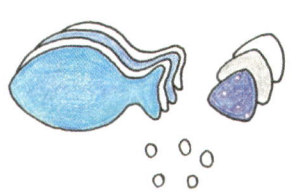

1 파란색 계열의 소프트펠트를 물고기 몸통으로 두 장, 머리, 눈 모양으로 한 장 재단한다.

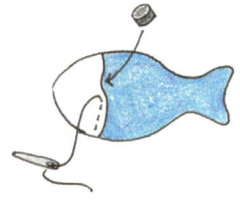

2 몸통 펠트 한 장 위에 머리 모양 펠트를 겹치고 홈질로 바느질하다 2cm 정도를 남기고 원형 자석을 사이에 넣어 바느질한다. 그 위에 눈 모양 펠트를 홈질로 고정한다.

3 2에서 만든 물고기와 나머지 몸통 한 장을 겹쳐 3cm 정도를 남기고 가장자리를 홈질한다. 이때 실을 매듭짓지 않고 그대로 둔다.

4 바느질하지 않은 부분 사이로 솜을 넣고 이어서 홈질로 바느질해 마무리한다. 같은 방법으로 나머지 물고기를 원하는 수만큼 완성한다.

5 나무 막대 끝에 끈을 매달아 다른 쪽 끝에 도넛 자석을 묶어 낚싯대를 완성한다.

TIP
물고기 머리 부분을 패턴 펠트나 원단을 사용하면 재미있는 물고기 모양을 완성할 수 있어요. 일반 자석은 힘이 약해 잘 떨어질 수 있으니 강력한 자력의 자석을 사용하면 좋아요.

포근한 내 친구
고양이 인형, 제제

알록달록한 옷을 입은 말랑말랑한
고양이 인형을 만들어 보세요.
아이 잠잘 때나 놀이할 때 사이좋은 친구가 되고
엄마가 한 땀 한 땀 만들어 준 인형은
아이가 크는 동안 소중한 추억을 만들어 줄 거에요.

TIP.
사이즈가 커서 손바느질로 완성하는 데 오래 걸릴 수 있어요. 도안 크기를 줄이면 바느질 양이 줄어서 쉽게 완성할 수 있어요.
고양이 몸통은 아이들이 좋아할 만한 재미있는 패턴 원단을 바지는 그와 어울리는 단색이나 체크 원단을 매칭하면 좋아요.

고양이 인형, 제제 만들기

· 재료
흰색 면 원단 1/4마, 패턴 원단 1/4마, 단색 원단 1/4마, 자수실, 축구공 방울, 방울솜 300g

난이도
★★★

완성품 크기
25×50cm

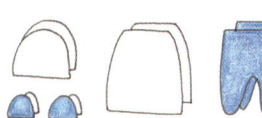

1 흰색 원단을 얼굴 모양으로 두 쌍 재단하고 패턴 원단을 몸통 모양으로 한 쌍, 단색 원단을 바지 모양으로 한 쌍, 귀 모양으로 두 쌍 재단한다.

2 1에서 재단한 얼굴 원단 한 장의 겉면에 고양이 눈, 코, 입을 수성 펜으로 그리고 그 위에 자수실로 수놓는다.

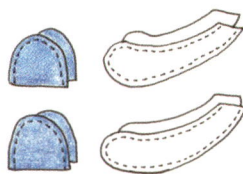

3 1에서 재단한 팔과 귀 모양 두 쌍을 겉면이 마주 보도록 겹쳐 놓고 창구멍을 남겨 가장자리를 홈질한다.

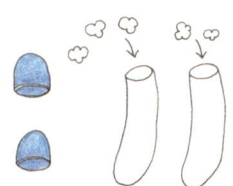

4 3의 팔과 귀를 뒤집어 팔에는 솜을 넣는다. 솜은 몸통과 팔을 연결할 것을 감안해 창구멍에서 2cm 정도 아래까지만 채운다.

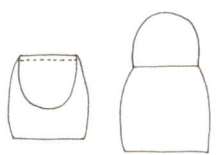

5 얼굴과 몸통 모양 원단을 겉면이 마주 보도록 겹쳐놓고 홈질로 바느질해 연결한다. 다른 한쪽도 같은 방법으로 연결한다.

6 5에서 연결시킨 얼굴, 몸통 원단과 바지 원단 한 쌍을 겉면이 마주 보도록 겹쳐놓고 홈질로 바느질하여 연결한다.

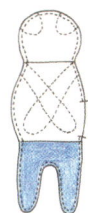

7 6에서 각각 연결시킨 머리-몸통-바지 원단을 겉면이 마주 보도록 겹쳐놓고 그사이에 3, 4에서 만든 귀와 팔을 각각의 자리에 위치한 후 창구멍을 남기고 가장자리를 홈질한다.

8 오목한 부분에 가위집을 넣어 창구멍으로 뒤집고, 창구멍에 구석구석 골고루 솜을 채워 넣는다.

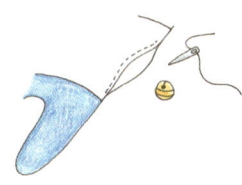

9 마지막으로 축구공 방울을 솜 가운데에 넣고 창구멍을 공그르기로 바느질하여 마무리한다.

패셔니스타
옷 갈아 입히기 놀이

오늘은 어떤 옷을 입을까?
펠트로 만든 인형에 이 옷 저 옷을 입혀주면서 내일 입을 옷을 같이 고민해 보세요.
치마만 입겠다고 고집하는 아이에게 바지가 예쁘면서도 편하다는 점을
옷 갈아 입히기를 하면서 얘기해주면 어떨까요?

옷 갈아 입히기 놀이 만들기

- **재료**
  여러 가지 색상의 하드펠트, 패턴 펠트, 자수실

난이도
★★☆

완성품 크기
12 × 15㎝ 정 더링

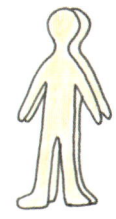 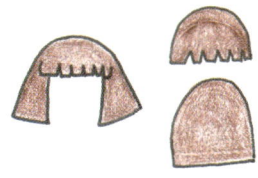 

1 살구색 펠트를 사람 모양으로 두 장 재단한다.

2 갈색 펠트를 머리 모양으로 재단한다.

3 여러 가지 색상의 펠트와 패턴 펠트를 옷 모양으로 재단한다.

4 1에서 재단한 몸 펠트 두 장을 글루건으로 붙이고 2에서 재단한 머리 모양을 붙여준다.

5 얼굴에 눈, 코, 입을 수성펜으로 그려주 자수실로 수놓는다.

6 4에서 완성한 사람 펠트 위에 3에서 만든 옷을 대보며 놀이한다.

TIP
인형과 옷을 보관하고 놀이할 수 있는 가방을 만들 수 있어요. 만드는 방법은 오색 펠트 정리 주머니와 동일해요. 손잡이만 리본 끈으로 바꾸어 변화를 줄 수도 있어요.

학습이 되는 펠트 알파벳 자석

아이에게 한글과 함께 영어를 소개해 주세요.
냉장고나 자석 칠판에 붙여 놓으면 장식도 되고
틈틈이 공부도 되는 알파벳 자석을 만들어 보아요.

펠트 알파벳 자석 만들기

· **재료**
접착 펠트(40×30cm), 여러 가지 색상과 패턴의 자투리 원단, A4 사이즈 고무 자석판 2장

난이도
★★☆

완성품 크기
6×6cm 외 다양

1 알파벳 철자 하나가 들어갈 만한 접착 펠트 위에 알파벳 도안을 거꾸로 대고 그린다.

2 1의 접착 펠트의 접착 면을 떼고 원단의 안쪽 면을 붙인다.

3 원단과 펠트가 접착된 펠트를 1에서 그린 알파벳 도안대로 자른다.

4 3에서 자른 알파벳 펠트의 원단이 접착된 면을 위로 향하게 고무 자석판 위에 글루건으로 고정시킨다.

5 알파벳 모양에 맞게 가장자리를 잘라주면 완성.

TIP
집에 자석 칠판이 있다면 칠판 위에 알파벳 자석을 붙여놓고 놀이 해보세요. 고무 자석판은 문구점에서 구입할 수 있어요.

시간을 알려주는
펠트 시계

몇 시인지 궁금해하는 아이에게 시간을 알려주세요.
큰 바늘과 작은 바늘이 움직이면서
몇 시를 가리키는지 아이와 함께 이야기하면
시간의 개념을 익힐 수 있어요.

TIP
펠트로 꽃이나 새를 오려서 시계를
장식할 수 있어요. 솜이 들어가 말랑
말랑해 쿠션으로 사용할 수 있어요.

펠트 시계 만들기

- **재료**

  빨간 체크 원단 1/4마, 빨간색 무지 원단 1/4마, 빨간색·흰색·검정색 하드펠트, 흰색 벨크로 한 쌍, 솜 200g, 할핀 302호, 검정색 자수실

  난이도
  ★★★

  완성품 크기
  30×42cm

1 체크 원단을 겉면이 마주 보도록 겹쳐 집 모양 도안으로 재단하고 무지 원단을 가로 11cm, 세로 87cm의 긴 직사각형 모양으로 한 장 재단한다.

2 빨간색 펠트를 큰 원형과 중간 크기의 원형으로, 흰색 펠트를 작은 색 원형 열두개로, 검정색 펠트를 화살표 모양으로 재단한다.

3 2에서 원형으로 재단한 열두 개의 흰색 펠트 위에 1부터 12까지의 숫자를 검정색 자수실을 이용해 백스티치로 수놓는다.

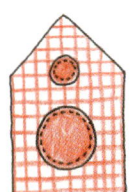 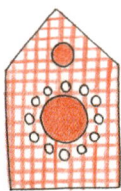 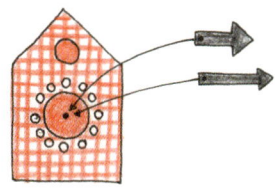

4 집 모양 원단 한 장의 겉면 위에 2에서 재단한 빨간색 펠트 원 두 개를 중심선으로 맞춰 시침핀으로 고정하고 가장자리를 홈질로 바느질한다.

5 4의 큰 원형 주변에 열두 개의 벨크로를 홈질로 고정시키고 3에서 수놓은 원형 펠트 뒷면에 거친 면 벨크로를 감침질로 고정한다.

6 검은색 화살표 바늘의 하단 중앙과 시계판 원형 중앙을 송곳으로 구멍낸 뒤 시계 바늘과 시계 판을 겹쳐 할핀으로 가운데를 고정한다.

  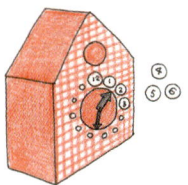

7 완성한 시계판 원단 가장자리와 무지 원단의 가장자리를 겉면이 마주 보도록 겹쳐 시침핀으로 고정한 후 홈질로 바느질한다. 나머지 집 모양 원단도 같은 방법으로 맞은편에 고정한다.

8 바느질이 안 된 밑면 사이로 원단을 뒤집어 솜을 넣고 공그르기로 마무리하여 완성한다.

9 3에서 만든 열두 개의 숫자가 수놓인 원형 펠트를 시계처럼 순서대로 붙여 놀이한다.

 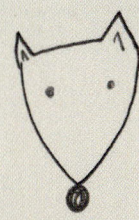

4
함께하는 역할 놀이 장난감

아이의 사회성을
길러주는 교구

용감해지는
히어로 망토 + 히어로 마스크

배트맨, 슈퍼맨 등 세상에는 우리를 위험에서
구해주는 영웅들이 살아요.
히어로 가면을 만들어 우리 아이를 영웅으로 변신시켜 주세요.

히어로 망토 만들기

난이도
★★★

완성품 크기
60×70cm

- **재료**
  검은색 공단 1마, 노란색 면 원단 1마, 노란색·검은색 하드펠트, 검은색 벨크로 한 쌍

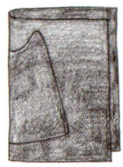 

1 검은색과 노란색 공단을 겉면이 마주 보도록 세로로 반 접은 후 도안의 가운데 선에 맞춰 고정하고 필요한 길이만큼 세로로 더해서 재단한다.

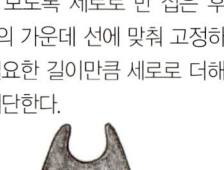

2 노란색 펠트를 타원형으로 검은색 펠트를 박쥐 모양으로 재단한다.

3 1에서 재단한 타원형 펠트 위에 박쥐 펠트를 홈질로 고정한다.

4 1에서 재단한 원단 중 겉면으로 사용할 검은색 공단 겉면 가운데에 3에서 만든 원형 박쥐 펠트를 올려놓고 가장자리를 홈질로 고정한다.

5 4에서 완성한 검은색 공단과 1의 노란색 공단을 겉면이 마주 보도록 겹쳐놓고 창구멍을 남겨 가장자리를 홈질한다.

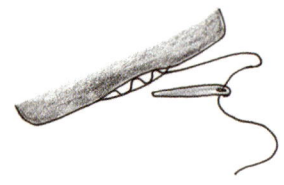

6 5에서 홈질한 망토를 창구멍으로 뒤집은 후 공그르기 한다.

7 망토의 맨 윗면을 아이 목에 포개어 벨크로 위치를 정한 다음 벨크로 한 쌍을 홈질로 고정한다.

TIP
망토의 길이는 아이의 키를 고려해서 정해주세요. 할로윈 같이 특별한 날에 착용해 영웅으로 변신시켜 주세요.

히어로 마스크 만들기

- **재료**
  노란색·검은색 하드펠트, 고무줄

난이도
★☆☆

완성품 크기
20×12cm
(1장 크기)

  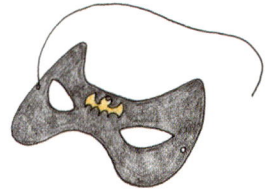

1 검은색 펠트를 마스크 모양으로 노란색 펠트를 박쥐 모양으로 재단한다.

2 마스크 모양 펠트 가운데에 노란색 박쥐 펠트를 글루건으로 고정한다.

3 마스크 양 쪽 가장자리에 구멍을 내고 고무줄을 끼워 완성한다.

하늘하늘 공주 케이프
반짝반짝 공주 왕관

엘사, 라푼젤, 백설공주 등
여자 아이는 크면서 공주를 한번 쯤 꿈꾸곤 해요.
엄마가 손수 만들어 준 왕관과 케이프를 활용해
우리 아이를 공주로 변신시켜 주세요.

여자 아이들의 데일리 액세서리로도
활용 가능한 공주 왕관입니다.
반짝반짝 펄감이 있어 아이들이 매우 좋아해요.

공주 케이프 만들기

난이도
★ ☆ ☆

완성품 크기
35×70cm

- **재료**
  망사 원단 1마, 은색 리본 끈

1 망사 원단을 가로 70cm, 세로 95cm 크기로 재단한다.

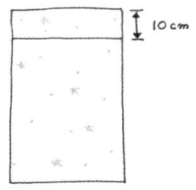

2 1에서 재단한 원단을 펼쳐 놓고 원단 윗선에서 10cm 아래로 떨어진 곳에 수성펜으로 선을 긋는다.

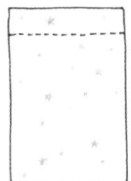

3 선을 따라 굵은 땀의 홈질을 한다. 이때 마지막 매듭은 짓지 않는다.

4 홈질이 끝난 후 실을 잡아당겨 주름이 생기도록 한다. 다 당겨진 선의 길이는 35cm로 맞춘 후 매듭을 지어준다.

5 4에서 바느질이 끝난 원단을 펼쳐 주름선 가운데와 리본 끈의 중심선을 맞춘 후 리본 끈의 주름선을 따라 시침핀으로 고정한다. 나중에 리본을 묶을 수 있도록 양 끝 리본 끈을 넉넉하게 남겨둔다.

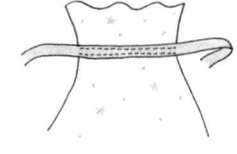

6 리본 끈의 위와 아래 양쪽 선 위를 따라 홈질로 바느질하여 망사 원단과 리본을 연결한다.

7 원단과 리본이 만나는 양 끝점을 튼튼하게 바느질하고 리본을 묶어 적당한 길이로 리본 끈을 잘라 완성한다.

TIP
망사 원단을 고를 때 반짝이는 글리터 패턴이 있는 것으로 고르면 더 화려한 케이프를 완성할 수 있어요. 망사 원단의 세로 길이는 아이가 원하는 길이로 재단해주세요. 너무 길어서 바닥에 길게 끌리는 길이는 아이가 자락을 밟고 넘어질 수 있으니 키보다는 작게 해주시는 것이 안전해요.

공주 왕관 만들기

· **재료**
2mm 은색 반짝이 펠트, 검은색 하드펠트, 검은색 똑딱 핀 2개

난이도
★☆☆

완성품 크기
6.5×7cm

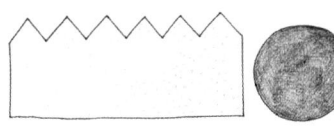  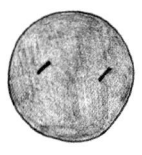

1 2mm 은색 반짝이 펠트를 왕관 모양으로 검은색 하드펠트를 원형으로 재단한다.

2 1에서 재단한 펠트를 둥글게 말아 양쪽 끝선을 감침질로 고정한다.

3 밑면이 될 검은색 원형펠트 오른쪽 상단과 왼쪽 하단에 5mm 정도의 칼집을 내어 똑딱 핀이 마주보는 방향으로 들어갈 수 있도록 한다.

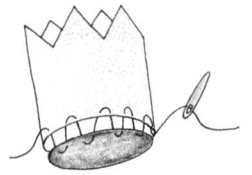 

4 3에서 칼집을 낸 원형펠트를 2에서 만든 왕관 바닥에 검은색 실로 감침질하여 고정한다.

5 똑딱 핀을 검은색 펠트에 양쪽으로 넣어 완성한다.

TIP
똑딱 핀을 서로 다른 방향으로 꽂아야 머리에 꽂았을 때 흘러내리는 것을 막을 수 있어요. 은색 펠트 외에 다른 색 펠트를 같은 방법으로 여러 개 만들어 액세서리로 활용해보세요.

정리 습관을 길러주는
놀이 매트 겸 장난감 정리 가방

아이들이 커가면서부터 장난감의 개수가 늘어나요.
크기가 큰 것부터 작은 것까지 매일 늘어놓는 장난감을
치우는 일이 만만치 않죠?
펼쳐서 놀다가 다 놀고 나면 한번에 쫙 잡아당겨
정리할 수 있는 매트는 어떨까요?

놀이 매트 겸 장난감 정리 가방 만들기

난이도
★★★

완성품 크기
90×90cm

- **재료**
  패턴이 다른 면 원단 1마 씩, 두꺼운 끈 2마, 폭 2cm 리본 1마

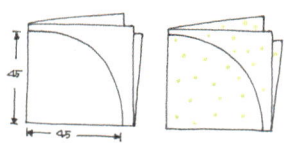

1 지름 90cm로 원단 자르기 원단을 겉면이 마주 보도록 가로, 세로로 두 번 접은 후 가로, 세로 길이 45cm의 호를 그려 자른다 (2회 반복).

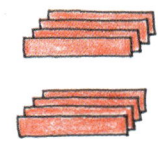

2 리본 끈을 6cm 크기로 여덟 개 잘라 준비한다.

3 1의 원단 한 장의 겉면 위에 2의 리본 여덟 개를 반으로 접어 원단 가장자리에 올려놓고 시침핀으로 고정한다. 이때 리본의 접혀진 면이 안쪽을 향하도록 한다.

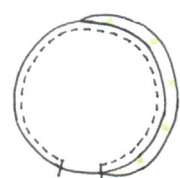

4 나머지 한 장의 원단을 안쪽 면이 위로 향하도록 3의 원단에 겹치고 시침핀으로 고정시킨 후 가장자리를 홈질한다. 이 때 3에서 고정시킨 리본 끈 사이로 창구멍 위치를 잡는다.

5 4를 창구멍으로 뒤집어 공그르기로 마무리 한다.

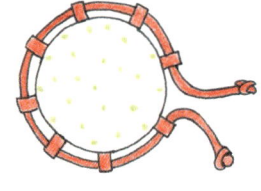

6 두꺼운 끈을 리본 끈 사이 사이에 통과 시킨 후 매듭을 지어 완성한다.

TIP
재봉틀을 이용하면 더 빠르게 완성할 수 있어요. 뒤집어 완성한 후 매트 가장자리를 한 번 더 홈질로 바느질하거나 중간중간 땀을 떠주면 더 튼튼하게 사용할 수 있어요. 원단을 고를 때 한 면은 패턴이 있는 원단을 다른 한 면은 패턴이 없거나 간단한 원단을 사용하면 양쪽을 다른 분위기로 사용할 수 있어요. 매트 주변을 감싸는 두꺼운 끈의 길이는 원을 감싸는 길이 정도면 충분해요. 더 길게 하면 매트를 오므렸을 때 실이 많이 남아서 거추장스러워요.

꾹꾹 찍어 만드는
지우개 스탬프 가방

지우개를 파서 스탬프를 만든 다음
원단 위에 마음대로 찍어서 패턴을 만들어 보세요.
하나의 지우개 스탬프로 여러 가지 색의
물감을 찍어 연출하거나 두 세 개의 스탬프로
재미있는 패턴을 만들 수 있어요.

지우개 스탬프에 사용되는 염색 물감은 가격과 종류가 다양해요.
국산 염색 물감은 저렴하고 뻬베오와 같은 수입 물감은
색상이 다양하고 발색이 선명한 대신 가격대가 높은 편이에요.
지우개는 너무 무르지 않으며 크기가 크고 두꺼운 지우개를 사용해요.
공예 재료를 파는 온·오프라인 매장에서 스탬프용 지우개를
판매하고 있으니 그것을 이용하면
좀 더 손쉽게 지우개 스탬프를 만들 수 있어요.

지우개 스탬프 만들기

· 재료
스탬프용 지우개(딱딱하고 크기가 큰 것), 커터 또는 조각도, 스펀지, 염색용 물감, 팔레트, 단색 원단

1 종이 위에 도안이 될 그림을 그린다.

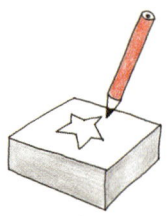

2 1에서 그린 그림을 지우개 위에 옮긴다.

3 커터나 조각도로 그림 나머지 부분을 파낸다.

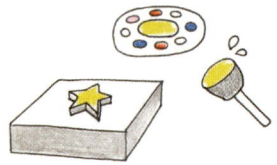

4 물감을 스펀지로 찍은 다음 지우개에 찍는다.

5 패브릭 위에 지우개를 눌러 찍는다.

6 반복한다.

7 물감이 마른 후 원단을 뒤집거나 그 위에 다른 원단을 덮고 다림질한다.

TIP
스탬프 도안은 별이나 하트 같은 간단한 형태로 시작해 곰이나 토끼 같은 디테일이 있는 형태로 해보는 것이 실수가 적어요. 바탕 원단은 광목이나 흰색 원단처럼 색이 없는 원단에 시도해 본 후 익숙해지면 색이 있는 원단에도 시도해 보세요. 염색 물감 위에 다림질을 해야 빨아도 지워지거나 흐려지지 않아요.

스탬프 가방 만들기

난이도
★★☆

완성품 크기
28×50cm

- **재료**
  광목 반제품 가방, 염색용 물감, 종이, 지우개 스탬프

1 가방 위에 스탬프를 찍기 전에 종이에 스탬프를 찍어 반복적인 패턴과 색상의 조합을 연습해 본다.

2 2에서 연습한 것 중 제일 맘에 드는 패턴을 가방 위에 찍는다.

3 다림질해서 완성한다.

TIP
스탬프로 패턴을 만든 후에 염색펜이나 크레용으로 그림을 그려 완성도를 높일 수 있어요. 다림질은 뜨거워서 위험하니 엄마가 도와주시고 아이와 함께 할 때는 아이의 옷에 염색 물감이 묻지 않도록 주의해 주세요.

스탬프 필통 만들기

난이도
★☆☆

완성품 크기
21×10cm

- **재료**
  반제품 파우치, 염색용 물감, 종이, 지우개 스탬프

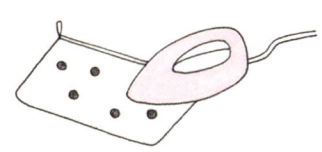

1 종이에 스탬프를 찍어 반복적인 패턴과 색상의 조합을 연습해 본다.

2 2에서 연습한 것 중 제일 맘에 드는 패턴을 필통 위에 찍는다.

3 다림질해서 완성한다.

TIP
필통은 면적이 작아서 스탬프 크기를 더 다양하게 연출할 수 있어요. 지우개가 달린 연필 뒷면을 이용하면 스탬프를 만들지 않고도 도트 패턴을 만들 수 있어요.

콕콕 찍어 만드는
스탬프 앞치마와 머릿수건

요리 놀이에 필요한 앞치마와 머릿수건이에요.
지우개 스탬프를 이용해 만들기 놀이와 요리 놀이를 즐겨 보세요.

스탬프 앞치마와 머릿수건 만들기

난이도
★★★

완성품 크기
38×56cm

- **재료**
  광목 원단 1마, 바이어스, 염색용 물감, 지우개 스탬프

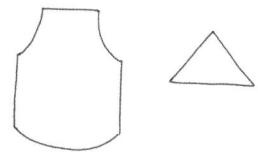

1 광목 원단을 앞치마 모양과 삼각형 모양으로 재단한다.

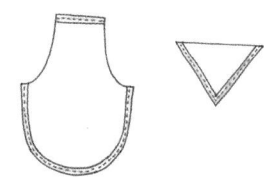

2 앞치마 맨 윗부분과 아랫단 부분, 머릿수건의 짧은 두 면을 바이어스로 감싸 홈질한다.

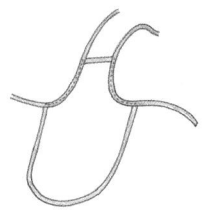

3 앞치마의 양쪽 팔걸이 부분도 같은 방법으로 바이어스 처리하는데 앞뒤로 40cm 정도 여유를 두고 바느질한다.

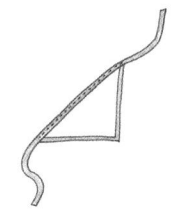

4 2에서 바느질 한 머릿수건의 가장 긴 면을 바이어스로 감싸 바느질한다(양쪽으로 30cm 정도 여유를 남겨둔다).

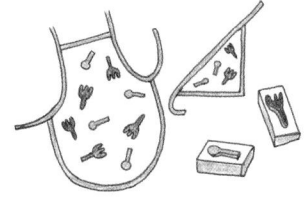

5 3과 4에서 만든 앞치마와 머릿수건 위에 아이가 원하는 스탬프를 찍는다.

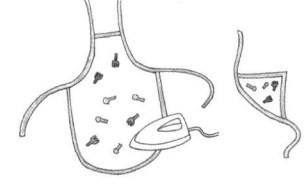

6 다림질해 완성한다.

TIP
바이어스 원단의 컬러를 스탬프색으로 하면 통일감 있게 완성되요.

깡충깡충
토끼 머리띠

우리 아이를 깡충깡충 귀여운 토끼로 변신시키는
토끼 귀가 달린 머리띠를 만들어보세요.

토끼 머리띠 만들기

- **재료**
  분홍색 머리띠, 분홍색·흰색 하드펠트

난이도
★ ☆ ☆

완성품 크기
12 × 28cm

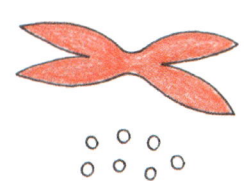  

1 분홍색 펠트 위에 토끼 귀 도안을 대고 그려 재단하고 흰색 펠트를 작은 원형으로 여러 개 재단한다.

2 1에서 재단한 펠트 가운데에 머리띠를 넣고 감싸듯이 접어 글루건으로 고정한다.

3 흰색 원형 펠트를 머리띠 위에 글루건으로 붙여 완성한다.

TIP
토끼 귀의 색상은 여러 가지로 응용해서 만들어 보세요. 토끼 귀 위에 다른 색상 펠트로 장식하면 개성이 드러나는 머리띠가 돼요. 같은 방법으로 동그란 귀를 두 개 달아주면 미키 마우스 머리띠가 돼요.

엄마가 만들어주는
펠트 머리핀

엄마의 정성이 들어간 특별한 머리핀이에요.
여러 가지 색상의 핀을 만들어 두면
기분이나 옷 색깔에 따라 다르게 연출할 수 있어요.

펠트 머리핀 만들기

- **재료**
  여러 가지 색상의 2mm 펠트, 핀 대

난이도
★☆☆

완성품 크기
10×4cm

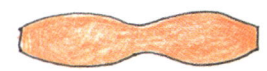

1 펠트에 도안을 대고 그린 후 재단한다.

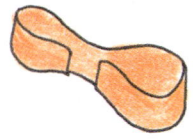

2 1에서 자른 긴 펠트의 양 쪽을 둥글게 말아 리본 모양을 만들고 가운데를 글루건으로 고정한다.

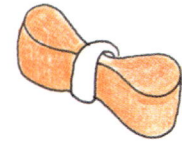

3 2에서 만든 리본 가운데에 1에서 재단한 길쭉한 사각형의 펠트로 띠를 두른 다음 글루건으로 고정한다.

4 3에서 만든 리본을 나머지 리본 펠트 위에 글루건으로 고정한다.

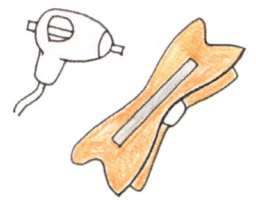

5 핀대 위에 4에서 만든 리본을 글루건으로 고정시켜 완성한다.

TIP
리본 위에 레이스를 겹쳐 다양하게 응용해 사용할 수 있어요. 레이스 대신 리본을 사용해도 좋아요.

부엉부엉
부엉이 가방

아이는 크면서 자기 소지품을
스스로 챙기고 싶어 해요.
이럴 때 유용하게 쓸 수 있는
작은 가방을 직접 만들어 보세요.

부엉이 가방 만들기

난이도
★★☆

완성품 크기
15×18cm
(가방끈 제외)

- **재료**
  회색 2mm 펠트, 은색 반짝이 펠트, 흰색·검정색 하드펠트, 검은색 리본 10cm, 두꺼운 끈 1마

 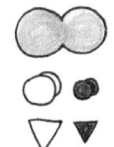

1 2mm 펠트를 부엉이 얼굴 모양으로 두 장, 은색 반짝이 펠트를 큰 눈 모양으로 한 장, 흰색과 검은색 펠트를 눈과 부리 모양으로 각각 재단한다. 검정색 리본을 5cm 길이로 잘라 두 장 준비한다.

2 1에서 재단한 부엉이 펠트 한 장 위에 1에서 재단한 펠트를 눈, 코, 입 등의 위치에 올려놓고 글루건으로 고정한다.

3 1에서 재단한 부엉이 펠트의 양쪽 귀 옆에 검정색 리본을 반으로 접어 접은 면이 밖을 향하도록 시침핀으로 고정한다. 이때 얼굴 가장자리 바깥으로 리본이 1cm 정도 돌출되게 위치를 잡고 2에서 완성한 부엉이 얼굴을 위에 포개어 놓는다.

4 3에서 만든 부엉이 얼굴 가장자리의 윗면을 제외하고 홈질한다.

5 아이 허리 정도 내려오는 길이로 끈을 잘라 3에서 만든 가방 리본 아래쪽으로 통과시킨 뒤 매듭을 지어 완성한다.

오늘은 내가 요리사
펠트 샌드위치

오늘은 내가 요리사!
아이가 좋아하는 달걀, 햄, 치즈는 물론 싫어하는 토마토,
양배추 등도 준비해서 재료를 하나씩 넣어가며
샌드위치를 완성해 보세요.
펠트 샌드위치로 연습해 본 다음
실제 재료로 샌드위치를 만들면 실수도 적고
야채도 골고루 먹도록 유도할 수 있어요.

펠트 샌드위치 만들기

• **재료**
여러 가지 색상의 하드펠트(흰색, 베이지색, 초록색, 분홍색, 빨간색, 진한 빨간색, 노란색, 진한 노란색), 방울솜 50g, 연두색 자수실

난이도
★★★

완성품 크기
14×11cm
(식빵 기준)

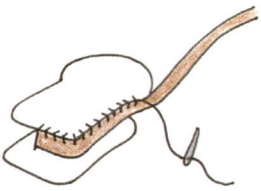

1 펠트를 식빵 모양으로 네 장, 치즈, 햄, 토마토, 달걀, 시금치, 길쭉한 띠 모양으로 두 장 씩, 노른자 모양으로 한 장 재단한다.

2 긴 띠 모양의 펠트를 식빵 모양으로 재단한 흰색 펠트 가장자리에 둘러 시침핀으로 고정시키고 버튼홀스티치로 바느질한다. 한쪽 식빵 가장자리 바느질이 끝나면 나머지 다른 한쪽도 같은 방법으로 바느질한다. 이때 바느질이 끝나는 부분에서 2cm 정도를 매듭 짓지 않고 남겨둔다.

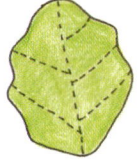

3 2에서 2cm 남겨 둔 공간에 솜을 채운 후 나머지를 버튼홀스티치로 매듭을 짓고 옆면 가장자리가 만나는 부분을 감침질로 바느질해 마무리한다.

4 1에서 재단한 시금치 모양 펠트 위에 홈질로 바느질하여 나뭇잎 모양을 만든다.

TIP
예시 된 재료 말고도 양파, 고기 등의 다른 재료도 더 만들어 놀이할 수 있어요.

5 햄, 치즈, 토마토, 달걀, 시금치 모양 펠트를 각각 겹쳐서 글루건으로 붙여 속 재료를 완성한다.

오늘은 내가 요리사 2
펠트 피자

오늘은 내가 요리사 2탄!
페퍼로니 햄, 치즈, 피망 등의
토핑이 올라간 피자를 만들어 보세요.
접시에 담아 엄마랑 나눠먹는 놀이를 하면
더욱 재미있는 소꿉놀이 시간이 돼요.

펠트 피자 만들기

• 재료
베이지색 하드펠트와 소프트펠트(35×35cm), 여러 가지 색상의 하드펠트(초록, 빨간색, 흰색, 노란색, 검은색)

난이도
★★☆

완성품 크기
30×30cm

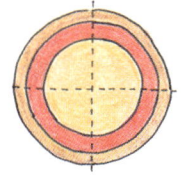

1 베이지색 하드펠트와 소프트펠트를 지름 30cm의 원형으로 한 장씩 재단한다. 빨간색과 노란색 펠트를 한 장씩 원형으로 재단하고 토핑을 하드펠트로 원하는 수만큼 두 장씩 재단한다.

2 1에서 원형으로 재단한 베이지색 하드펠트·소프트펠트–빨간색–노란색 하드펠트를 맨 아래부터 순서대로 중심선에 맞춰 겹쳐놓고 시침핀으로 고정시킨 후 중심선에 맞춰 가로 세로로 잘라 사등분 한다.

3 2에서 사등분한 조각의 베이지색 펠트 두 장을 겹쳐놓고 가장자리 호에서 2.5cm 안쪽으로 선을 그리고 그 선을 따라 홈질한다(4회 반복).

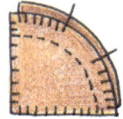

4 3에서 바느질한 베이지색 펠트 위에 2에서 재단한 빨간색, 노란색 펠트를 겹친 후 가장자리를 버튼홀스티치로 바느질한다. 이때 시작점은 가장자리 호의 1/3 지점에서 시작하여 2/3 지점까지 바느질한 후 매듭을 짓지 않고 멈춘다(4회 반복).

5 4에서 바느질하지 않은 부분으로 솜을 넣어 통통하게 도우 모양으로 만든 후 나머지를 바느질하여 완성한다(4회 반복).

6 1에서 재단한 토핑을 두 장씩 글루건으로 고정해 완성한다.

아이가 둘 이상이라면 아이의 성별과 취향을 반영해
조금씩 다르게 만들어 주세요.

엄마의 정성이 담긴 세상에 하나뿐인 선물이
아이들 기억에 오래 남을 거에요.

부록

마망베베가 전하는
바느질 하는 엄마 이야기

만들기 재료는 어디에나 있다

저는 자라는 동안 이불과 커튼을 만드시는 부모님 덕분에 항상 주변에 패브릭이 있었어요. 그래서 패브릭이 친숙한 소재임에는 틀림없지만 임신 전까지 바느질을 배우거나 해본 적은 없었어요. 임신하고 친정에서 자투리 천을 조금 가져와서 인형 만들기를 시도했는데 마구잡이로 가져오고 나니 재료가 충분하지 않았어요. 그래서 재료를 찾다보니 주변에 유행이 지나 안 입는 옷들이 생각나는 거예요. 제 옷과 남편 옷 등을 잘라서 만들기 재료로 활용했어요. 안 입는 옷들에 달린 단추나 리본, 아니면 작은 패치 등도 좋은 재료가 돼요. 잘라서 통에 잘 보관해 두면 필요할 때 요긴하게 쓸 수 있어요. 이렇게 만든 인형이나 옷은 실패해도 큰 부담이 없어서 좋아요. 처음 만든 작품이 딱 맘에 들 확률은 낮은데 좋은 원단이나 아끼는 재료로 만들었다가 실패하면 가슴 아프잖아요.

바느질은 '이거 꼭 만들어봐야지!' 하고 마음이 동했을 때 시작 해야지 안 그러면 이런 저런 재료가 부족해서 미루게 되고 결국엔 못 하게 되는 일이 비일비재해요. 이럴 때 주변에서 재료를 찾아 바로 시작을 하다보면 숨겨진 내 솜씨에 놀라게 되고 만드는 일에 금세 재미를 붙일 수 있어요.

완벽하게 재료와 도구를 갖춘 후 시작하려면 시작하기도 전에 지칠 수도 있으니 생각나는 그 순간 눈에 보이는 재료로 시도해 보세요. 이것이 앞으로 만들어 갈 작업의 시작이 될지도 몰라요.

육아와 병행하는 일, 육아에서 길을 찾다

아이들을 어린이집과 학교에 보내고 나면 제 일은 시작돼요. 이제부터는 시간과의 싸움이에요. 누가 시키는 것도 아닌데 혼자 마음이 바빠요. 아이들이 돌아오기 전 몇 시간을 작업하는데 온전히 쓰고 싶어서요. 이렇듯 시간에 쫓겨서 신데렐라처럼 하는 일이다 보니 누가 시켜서는 힘들어서 못할 것 같아요.

하지만 지금 하고 있는 작업의 대부분은 제가 엄마이기 때문에 가능했어요. 엄마라서 아이에게 줄 인형을 만들기 시작했고 아이가 커가면서 장난감이 필요해서 장난감과 교구를 만들게 되었어요. 그 이후엔 장난감에서 그치지 않고 만들기를 통해 배울 수 있는 교육 프로그램을 만들었어요. 엄마라서 일하는 시간과 장소의 한계가 있었지만 동시에 엄마라서 아이를 잘 이해했기 때문에 필요한 것을 제안할 수 있는 기회를 얻었어요. 엄마이기 때문에 가진 장점을 제가 잘하는 분야와 연결시키니 일이 잘 풀렸어요.

이런 식으로 일이 잘 풀려도 고민이 생겨요. 일이 많아지면 육아에 소홀해져 일상에 구멍이 생기기 시작하거든요. 일을 열심히 하다보면 다른 사람에게 아이를 맡기는 시간이 길어지는데 꼭 이럴 때 아이가 아프거나 다치더라고요. 그러면 죄책감이 밀려와서 일이 손에 잘 안 잡히고 내가 왜 일을 하나하는 후회가 생겨요. 일과 육아 이 둘의 균형을 아슬아슬하게 잘 유지해야 둘 다 병행할 수 있는 것 같아요. 여전히 일과 엄마, 아내 사이에서 헤매고 걱정하며 지내고 있지만 여기에 명쾌한 해답은 없는 것 같아요.

주변을 보면 참 재능 있고 똑똑한 엄마들이 많아요. 이런 저런 이유로 일하고 멀어졌지만 아이만 키우기엔 아까운 분들이죠. 이런 분들에게 제가 하고 있는 일이 도움이 되면 좋겠어요. 요리나 청소, 정리법이나 육아법 등 잘하는 일이 다 다를 거예요. 저 같은 경우는 바느질에서 길을 찾았어요. 한번 잘 생각해 보시고 도전해 보세요.

좋은 아이디어와 열정이 있다면 창업을 도와주는 프로그램들을 활용해 보세요. 그 중 제가 아는 곳을 소개해 드릴게요.

창업을 도와주는 곳

1. 서울시 청년창업센터

서울시에서 운영, 지원하는 창업센터로 2~30대의 창업인들을 지원하고 있어요. 저는 2008년 1회 때 지원해서 많은 도움을 받았어요. 처음에 일을 시작할 때는 아이템에 집중하기 마련이에요. 하지만 돈을 벌기 위해서는 물건을 판매하는 방법과 운영하는 방법을 알아야 해요. 이런 경제활동 전반적인 것에 대해 교육을 받을 수 있고 창업지원금도 받을 수 있는 좋은 기회가 바로 서울시 청년창업센터랍니다. 모집 시기와 자격 등의 자세한 내용은 매년 조금씩 바뀌니 홈페이지를 확인하는 것이 제일 정확해요.

2. 서울특별시여성능력개발원

여성이기 때문에 받을 수 있는 혜택이 모여 있는 곳이에요. 내가 잘하는 일을 찾을 수 있는 여러 가지 교육과 지원을 받을 수 있어요. 지원 내용을 자세히 살펴보면 내게 맞는 기회를 찾을 수 있을 거예요.

두 곳 말고도 소상공인진흥원이나 서울시에서 창업이나 여성능력개발을 지원하는 여러 가지 프로그램들이 있으니 부지런히 정보를 찾으면 의외의 혜택들이 주변에 있다는 것을 알 수 있어요.

재봉틀 살까 말까?

이 책에 나와 있는 대부분의 아이템들은 크기가 작아서 손바느질로 만들 수 있어요. 크기가 작거나 형태가 복잡한 것은 재봉틀보다 손바느질이 더 빠르기도 해요. 자투리 시간이나 TV를 보면서도 할 수 있는 장점이 있어서 여전히 손바느질을 많이 하고 있어요.

하지만 재봉틀의 장점도 무시할 수는 없어요. 저처럼 만들기를 좋아하거나 바느질이 익숙하시다면 재봉틀 구입을 권해드려요. 시간도 절약할 수 있고 아이들 옷이나 작은 커튼 같은 집 꾸미기 아이템까지 사용처가 무궁무진해요.

재봉틀을 구입하려고 생각하시면 모델과 가격대가 다양해서 놀라실 거예요. 저도 몇날 며칠을 고민했어요. 가격이 높아질수록 힘이 좋고 기능이 다양해 어디에 기준을 두어야 할지, 이것을 다 사용할 수 있을지 혼란스러웠어요.

저는 가장 기본에 충실한 제품을 권해드려요. 처음에는 재미있고 신기해서 다양한 방법을 시도해보기도 했었는데 손에 익는데 시간이 걸리고 사용하는 곳도 한정적이어서 잘 사용하지 않게 되더라고요. 또 제가 원하는 것은 바느질을 잘 하는 것 보다 바느질을 이용해서 보다 많은 아이템들을 빨리 만드는 것이기 때문에 결국 가장 기본 기능만 사용하게 되더라고요. 재봉틀을 고르실 때 많은 기능에 혹하기보다는 자신에게 필요한 기능이 무엇인지, 무엇을 만들고 싶은지에 대한 기준을 세우시면 고르는데 한 결 수월해지실 거예요.

이렇게 재봉틀을 고르셨다면 재봉틀을 사용하는 방법을 대해 알아야 해요. 저는 블로그를 활용해서 혼자 터득했어요. 하지만 이 방법은 많은 시행착오를 겪을 수 있기 때문에 근처에 문화센터나 소잉 숍이 있다면 그곳에서 기본 사용법을 배우는 것을 추천해 드려요.

이렇게 재봉틀이 생기고 기본 바느질법을 익히셨다면 처음에 시도하기 좋고 만들었을 때 활용도가 좋았던 용품들을 소개해 드릴게요. 아이들한테 필요한 물건이면서 엄마의 사랑도 느낄 수 있는 활용도 만점 아이템들이에요.

재봉틀로 만드는 쉬운 아이템

1. 신발주머니
방수원단 두 종류와 위빙 끈만 있으면 만들 수 있어요. 필요한 사이즈로 재단해서 여러 개 만들어 두면 신발주머니 말고도 여행 갈 때나 물놀이 갈 때 등 필요한 때에 유용하게 사용할 수 있어요.

2. 여름 원피스
제가 첫 애를 키우던 때에는 여자아이 옷들의 대부분이 핑크색과 레이스 장식이 있었어요. 해외 블로그에서 Makie라는 브랜드 옷을 보고 반해 시크하고 단순한 무채색 원피스 만들기에 도전해 보았어요. 튜닉 스타일의 원피스는 패턴이 간단하고 주름이 많이 들어간 스타일이라 사이즈가 조금 틀려도 크게 티 나지 않아요. 원단 선택만 잘하면 세련된 스타일이 금방 완성되니 꼭 도전해 보세요.

3. 스카프빕
스카프빕은 보온용이나 침받이 등 쓸모가 많은 아이템이에요. 만드는 방법이 아주 간단해서 태교 DIY로도 인기가 많아요. 삼각형으로 재단해서 가장자리를 바느질하고 스냅을 달아주면 완성이에요. 아이 옷 스타일에 맞는 원단을 골라 세트처럼 연출하면 외출 시 빛나는 아이템이 되요.

4. 낮잠 이불
어린이집이나 외출 시 꼭 필요한 아이템 중에 하나인 낮잠 이불도 쉽게 만들 수 있어요. 패턴이 있는 2중 거즈 원단과 솔리드 거즈 원단을 원하는 사이즈로 재단한 후 겹쳐 놓고 가장자리를 바이어스로 감싸주면 끝이에요. 여기에 아이 이름을 수놓거나 아이가 좋아하는 동물을 수놓아 주면 세상에 하나 밖에 없는 낮잠 이불이 돼요.

색과 패턴 매칭 팁

저는 바느질 솜씨보다는 원단이나 재료의 컬러와 패턴을 매칭하는데 재능이 있다는 소리를 많이 들어요. 더 좋아하고 재미있어하는 일이기도 하고요. 제 주변 분들이나 수업에서 만나는 분들을 보면 각자 취향이 다르듯 본인이 가진 컬러 팔레트가 조금씩 달라요. 즉흥적으로 잘하시는 분들이 계신가 하면 유독 컬러나 패턴 선택에 고민이 많으신 분들이 계시는데 그런 분들을 위한 팁을 하나 알려드릴까 해요.

제가 사용하는 방법은 평소 좋아하는 브랜드나 블로그에 들어가서 그 분들이 쓰는 컬러를 비슷하게 흉내 내면서 답을 찾곤 해요. 제 컬러 팔레트는 한정적이니 이것으로 해결이 안 될 때는 다른 사람의 팔레트를 흉내 내는 거예요. 저는 캐스 키드슨 cath kidston 브랜드를 참 좋아해요. 영국 어학연수 가서 처음 알게 됐는데 아이가 처음 캔디샵에 들어가면 이런 기분이겠구나 싶을 정도로 눈에 보이는 모든 제품들이 다 좋아서 신이 났었어요. 따뜻하면서도 유쾌하고, 익숙하면서도 새로운 색과 패턴의 조화가 좋았어요. 그래서 돈을 모아 하나씩 제품을 구입하는 즐거움을 몇 년간 즐기곤 했어요. 구입하는 걸로 성에 안차서 직접 만들어 쓰기도 했어요. 홈페이지에서 사진을 캡처해 두었다가 같은 색으로 프린트해서 노트를 만들기도 하고 원단으로는 같은 것을 구하기 힘드니 최대한 가까운 색과 패턴을 찾아 만들어 보기도 했어요. 이런 연습을 하면서 캐스 키드슨 스타일의 색 조합을 제 팔레트에 추가할 수 있었어요.

이렇게 자신이 좋아하는 브랜드나 제품이 있다면 그 제품을 염두에 두고 컬러와 패턴 매칭을 해보세요. 처음에 시도하기 쉬울 뿐만 아니라 반복하다 보면 자신만의 새로운 색 조합을 찾을 수 있어요.

아이와 함께하는 수업

밖에서 하는 일이 늘어날수록 아이한테 소홀해지는 저를 발견했어요. 처음 공예 체험 프로그램을 짤 때 우리 아이를 보고 커리큘럼을 짜고 아이를 관찰하면서 난이도를 조정하는 등 아이가 큰 도움을 주었는데 외부 수업은 열심히 해도 정작 집에서는 피곤해서 아이한테 아무것도 안 해 주고 있더라고요.

좋은 방법을 찾던 중 동네에서 미술 수업 제의가 들어와서 이거다 싶었어요. 다른 아이들과 함께 하는 고정된 수업이어서 아이를 정기적으로 가르칠 수 있고 돈도 버는 일석이조의 기회였어요. 이렇게 동네에서 '장한어린이창작공방'이라는 미술 수업을 시작했어요.

저는 미술 전공이긴 하지만 미술 교육 전공이 아니다보니 제가 하는 작업을 바탕으로 가능한 재미있게 놀이하는 것을 목표로 했어요. 형식에 구애받지 않고 그림도 그렸다가 펠트로 만들기도 했다가 클레이로 자신을 표현하는 시간을 가졌어요. 수업을 하면서 몰랐던 우리 아이의 재능을 발견할 수 있어서 엄마로서 유익했고 또래의 다른 아이들이 만들고 표현하는 놀라운 재능에 저도 배우고 아이디어도 얻을 수 있는 시간이었어요.

일주일에 한 번씩 있는 수업이다 보니 제가 하던 것만으로는 부족해서 인터넷에서 자료를 찾아보았어요. 집에서 미술을 가르치는 엄마들의 홈스쿨 자료를 많이 볼 수 있었어요. 부지런하고 열의가 가득한 엄마들이 많아서 놀랐어요. 미취학 유아들은 미술 놀이를 통해 형태를 익히고 자신을 표현하고 사물을 관찰하는 등 예술적인 감각뿐만 아니라 여러 가지 복합적인 사고 능력을 키울 수 있다고 생각해요. 이 책에서도 아이와 함께 만들 수 있는 아이템들이 많으니 아이와 즐거운 미술 놀이 시간을 갖으세요.

손으로 전하는 마음

손으로 만드는 일을 계속해서 하다 보니 안 써본 재료나 처음 보는 것들도 만들 수 있을 것 같은 생각이 들었어요.

만들어 보고 맘에 든 아이템들은 선물할 때 빛이 나요. 리본이나 펠트 원단은 늘 가지고 있으니 아이들 머리핀이나 머리띠 같은 건 거의 만들어서 쓰고 아이들 백일상이나 돌 드레스, 소품 등을 만들어 특별한 날 사용했어요. 향초의 매력에 눈을 떠 향초와 디퓨져도 만들어서 쓰고 있어요. 자수에도 관심이 있어서 맘에 드는 일본 작가의 책을 구입해 틈틈이 따라 해보고 있어요. 카페에서 먹어 본 자몽차가 맛있어서 집에서 잔뜩 만들어 먹기도 해요.

머리핀은 아이 친구들 단골 생일 선물이에요. 급하게 필요할 때 정말 요긴하게 써요. 향초와 펠트로 만든 카네이션 브로치를 어린이집 선생님들께 선물로 보내서 센스 있는 엄마가 되기도 했어요. 자몽차는 잼 병을 재활용해서 예쁘게 포장해 주변 이웃들과 기분 좋게 나눠먹기도 해요. 이렇게 직접 만드는 선물은 받는 사람의 취향과 성격을 고려해서 만들다보니 고마움과 정성을 표현하기에 안성맞춤이에요. 해보면 생각보다 쉽고 사는 것보다 의미도 커서 가까운 지인들께 선물할 때 참 좋아요.

선물할 때 내용물만큼이나 신경 쓰는 게 있는데 바로 포장이에요. 조금만 신경 쓰면 더 특별해지거든요. 작은 리본과 기프트 태그 그리고 말린 꽃 등을 더하면 받을 때부터 주는 사람의 정성을 느낄 수 있어요. 그리고 직접 만든 카드까지 곁들이면 포장의 완성이에요.

꽃은 제가 최근에 알게 된 작은 사치에요. 연말에 아이 발표회와 졸업식 등 작은 행사들이 연이어 있어서 꽃 시장에 무작정 찾아가 꽃을 사왔어요. 이렇게 만들어본 꽃다발은 서툴지만 꽃 자체가 주는 아름다움이 있어 만드는 시간도 즐겁고 다 만들어진 꽃다발은 소중한 순간을 더욱 빛나게 해주었어요.

손으로 전하는 아이디어

1. 스승의 날 코사지
펠트를 잘라 꽃 모양으로 만들고 레이스와 리본을 덧댄 후 핀을 달아주면 완성이에요. 펠트를 재단해서 만들 수도 있고 재단한 펠트와 부자재를 포함한 DIY 카네이션 패키지를 인터넷 쇼핑몰에서 쉽게 구할 수 있으니 간단하게 만들 수 있어요.

2. 꽃다발 DIY
꽃꽂이는 플로리스트가 하는 전문적인 일이지만 여러 가지 꽃을 섞는 꽃다발 대신 한두 가지 꽃만을 섞어서 만드는 꽃다발은 초보자도 충분히 도전할 수 있어요. 튤립 한 가지로 만들기도 하고 장미와 유칼립투스 두 가지만 섞어도 근사해요. 또 시중에 꽃다발 DIY에 관한 훌륭한 책들이 여럿 있으니 이런 책들을 참고하셔도 좋을 것 같아요.
포장지는 여러 종류가 있는 데 꽃 색상에 크게 구애받지 않는 크라프트지가 좋아요.

남대문 꽃 도매 시장
open 월~토 am 3:00~pm 3:00
http://namdaemunmarket.co.kr

3. 과일청 만들기와 포장 : 병조림 뚜껑 원단으로 감싸기
과일청 만드는 법은 인터넷에 올려져 있는 자료 들이 많으니 그것을 참고하시고, 제가 잘 하는 포장법을 알려드릴게요. 과일청과 같은 병조림 포장할 때 제가 쓰는 방법은 병뚜껑을 선명한 색상의 원단으로 감싸는 거에요. 병뚜껑 보다 2cm 정도 크게 원단을 자르고 뚜껑을 감싸 글루건으로 고정시킨 후 병뚜껑 옆면에 맞게 원단을 정리해주세요. 그리고 병 주둥이에 기프트 태그를 달면 근사한 선물이 돼요. 선물할 때뿐만 아니라 집에서 사용하는 병도 이렇게 단장해서 사용하면 훨씬 먹음직스러워 보여요. 더러워진 뚜껑 원단은 떼서 버리고 다른 깨끗한 원단으로 교체해주면 새것처럼 여러 번 쓸 수 있어요.

4. 펠트 카드 만들기
원하는 카드 크기의 2배로 도톰한 종이를 자르고 반을 접어서 카드 모양으로 만들어요. 카드 겉면에 붉은 계열의 펠트를 다양한 크기의 하트 모양으로 잘라 붙여요. 이때 하트 대신 곰이나 토끼 같은 동물 모양으로 잘라 붙이면 다른 분위기의 카드로 응용해서 사용할 수 있어요.

TIP 있으면 좋은 포장 재료
트와인 끈, 다양한 사이즈의 박스, 기프트 태그

포장지 사는 곳: 데일리라이크
원단을 구입할 때 미리 포장박스나 스티커, 마스킹 테이프 등을 넉넉하게 같이 구입해서 필요할 때 사용해요.

아이와 함께 미술관 데이트

예전에 유럽 여행을 하면서 미술관에서의 기억에 남는 순간 중 하나가 있었어요. 오르세 미술관에서 임산부가 그림을 감상하던 모습과 테이트 모던 미술관에서 그림 앞에 앉아 그림을 그리던 꼬마들의 모습이에요. 스무 살 중반이 되어서야 처음 접할 수 있었던 명화들을 어렸을 때부터 심지어 엄마 뱃속에서부터 보고 자라는 아이들을 보면서 이렇게 자란 아이들과 내가 경쟁할 수 있을까하는 생각을 했었어요. 이때 막연하게나마 나중에 아이가 생기면 나도 이런 예술적인 경험을 많이 하는 아이로 키워야겠다고 결심했어요.

아이가 미술관에 가서도 뛰거나 소란스럽지 않을 나이가 되면서 미술관 나들이를 다니고 있어요. 아이는 전시관 작품을 감상하기보다 복도를 서성이거나 기프트 샵을 기웃거리고 카페테리아에 가기만을 기다리기도 해요. 저는 어른이고 미대를 나왔지만 미술관에서 전시하는 작품들은 여전히 난해하고 낯설긴 마찬가지예요. 하지만 작품을 이해하는 것만이 중요한 것이 아니라 예술가의 숨결이 묻어나는 미술관의 공기를 마시면서 차분하게 한 작품 한 작품 감상하는 시간을 갖는 것 자체가 아이 정서에 좋은 영향을 미치는 것 같아서 자주 시도하고 있어요. 같이 관람한 미술 작품에 대한 이야기를 나누다 보면 아이스러운 감상평이 재미있기도 하고 때로는 어른이 바라보지 못하는 시각을 가지고 있다는 것에 놀라기도 해요.

눈으로 보는 감상에 그치지 않고 조금 더 적극적으로 미술관을 즐기는 방법이 있어요. 마음에 드는 작품을 그려보거나 느낌을 글씨로 적는 거에요. 저는 아이랑 미술관에 갈 때 연필과 종합장을 챙겨 제일 맘에 드는 작품 앞에서 그림을 그려보게 해요. 그러면 아이의 눈으로 본 새로운 작품이 탄생하곤 해요. 그림 앞에서 그리기가 여의치 않다면 근처 카페나 쉬는 곳으로 나와 가장 기억나는 것을 그려보라고 해보세요. 이럴 때 그리는 것이 엄마 마음에 차지 않을 수도 있고 낙서처럼 보일 수도 있어요. 하지만 작가의 표현법을 관찰하고 다시 아이의 방식으로 그려보는 훈련이 쌓이면 자기 생각을 표현하는데 도움이 된다고 생각해요. 또 다음번에 작품을 볼 때 더 집중해서 볼 수도 있고요. 아이 성향과 컨디션을 고려해 억지로 하게 시키지 말고 자연스럽게 하되 반복해서 해보는 것이 효과적일 것 같아요.

아이와 함께 특별한 일이 없는 한가한 날에 미술관 나들이는 꼭 추천해요. 엄마와 아이 모두 예술과 친해지고 근처에서 쉬거나 맛있는 것을 먹는 등 일석이조의 시간을 보낼 수 있어요.

아이와 함께 가면 좋은 미술관

1. 국립현대미술관 서울관
경복궁 옆에 있는 미술관이에요. 국내 최고 수준의 전시가 항시 열리고 있고 아기자기한 삼청동의 먹거리 볼거리들을 같이 즐길 수 있어요.

2. 국립현대미술관 과천관
한적하고 넓은 대지에 위치에 있어 소풍이나 나들이 삼아 가기 좋은 미술관이에요. 어린이 미술관이 함께 있어 아이와 어른 모두 예술 체험이 가능한 곳이에요. 주변에 서울랜드, 동물원, 과천과학관 등 볼거리 들이 가득해서 여러 가지 활동을 할 수 있어요.

동대문 사용 설명서

저는 사용하는 재료의 대부분을 동대문 종합시장에서 구매하고 있어요. 그곳에 가면 없는 재료가 없을 뿐더러 재료의 질감과 색, 크기 등을 직접 보고 고를 수 있기 때문이에요. 구경하다 보면 생각지도 못했던 재료를 구하기도 해요. 지금은 가서 보기만 해도 즐겁고 편안한 곳인데 처음 가서는 엄청난 규모에 놀라고 신기해하다 결국 필요 없는 것들을 잔뜩 사오게 된 경험이 있어요. 소매보다는 도매를 하는 곳이 많아서 물어봐도 퉁명스러운 대답을 듣기 일쑤라 고생하더라도 맘 편하게 발품을 팔아서 다녔어요. 한 1년 정도를 계속 헤매고 정신없이 다니다보니 길눈이 익고 제 취향에 맞는 매장도 생겨 쓸 데 없이 헤매는 일이 줄어들었어요.

간략하게 설명을 드리자면 동대문 종합시장은 A, B, C, D동과 신관 이렇게 다섯 동으로 되어 있어요. 지하부터 5층까지 원단과 부자재 매장이 빼곡하게 들어서 있어요. 지하에는 각종 실과 수예용품 그리고 이불과 맞춤 제작소 등이 자리 잡고 있어요. 1층은 원단보다는 부자재매장이 많고 이불이나 그릇, 타월을 판매하는 매장들이 있어요. 2층부터 4까지는 거의 원단 매장이 대부분인데 소매를 하는 원단 매장은 A동과 B동 2층에 가면 많아요. 3층과 4층도 원단 매장인데 도매로 판매하는 곳이 많고 5층에 각종 액세서리와 부자재매장이 있어요. 이곳은 소매가 다 가능하고 구경하기도 편리해요.

2~3평 규모의 매장이 빼곡히 들어서 있고 각 동이 연결된 큰 미로와 같아서 한 번 들어가면 방향을 가늠하기조차 어려워요. 그래서 제가 자주 가는 매장 몇 곳을 소개해 드릴까 해요. 제가 쓰는 대부분의 재료들을 구입하는 곳이에요.

펠트 및 부자재를 구입할 수 있는 곳

- **태양이네(A동 5층 5048호)**
펠트와 펠트 부자재를 한 곳에서 구입할 수 있는 곳이에요. 반짝이 펠트나 펀칭 펠트 같은 특수한 소재를 직접 보고 구입할 수 있어요.

- **모드드림(A동 5층 5009호, 5010호)**
잘 꾸며진 팬시점 같은 인테리어가 돋보이는 곳이에요. 한 눈에 알아보기 쉬운 디스플레이와 완제품들이 전시되어 있어 충동구매하기 쉬워요. 자체 제작된 DIY 패키지들이 잘 구성되어 있어 초보자들에게 좋아요.

- D동 1층 출입구 앞

실, 바늘, 벨크로, 가위, 바이어스 등 각종 바느질 부자재를 파는 가게들이 여러 곳 있어요.

- 엔조이(D동 1층 1798-1호)

- 예천상사(D동 1층 1778호)

원단을 구입할 수 있는 곳

- 모신상회(D동 3층 3247호)

퀼트용 원단과 비교적 작은 패턴의 프린트들을 많이 볼 수 있어요. 면, 거즈, 방수천 등 다양한 질감의 원단을 함께 볼 수 있는 매장이에요. 2마 이상씩 구입할 수 있어요.

- 해피 퀼트(b동 5층 5212호)

퀼트용 원단이 많아요. 소매가 많은 5층에 위치해 원단을 둘러보기 편하고 어린이용 패턴 원단도 구입할 수 있어요.

- 데일리라이크(b동 6층 6012호)

데일리라이크 오프라인 매장이에요. 독특한 데일리라이크 스타일의 원단과 부자재를 구입할 수 있어요. 샘플 소품들이 전시되어 있어 직접 보고 구입할 수 있어요.

- 네스홈(A동 5층 5117호)

온라인 유명 쇼핑몰인 네스홈 오프라인 매장이에요. 다양한 원단과 부자재 등을 구입할 수 있어요. 샘플로 만든 제품들이 많이 디스플레이 되어 있어 아이디어를 얻기에도 좋아요.

리본 끈을 구입할 수 있는 곳

- 리본태(B동 5층 5066호)

리본 및 헤어 액세서리 부자재를 구입할 수 있어요. 카드 결제가 가능해요.

- kt 리본(B동 5050-1호)

리본 및 헤어 액세서리 부자재를 구입할 수 있어요. 소포장이 잘 되어 있어 필요한 양 만큼 구입이 가능해요.

- 온라인 단골집

저는 재료를 동대문에 가서 주로 구입하기 때문에 온라인 쇼핑몰로 구입하는 빈도는 적지만, 그래도 시장에 나갈 수 없을 때 이용하는 사이트들이 있어요. 위에 소개 해드린 매장의 온라인 쇼핑몰 들을 주로 이용해요. 실물을 거의 확인한 경우라 실패 확률이 적거든요. 하지만 온라인 쇼핑몰 자체도 잘 되어 있어서 직접 실물을 보지 못하더라도 사진과 설명 그리고 후기 등을 보고 구입하기 편리해서 추천해요.

원단

- 데일리라이크 www.dailylike.co.kr

자체 디자인 원단이 독특하고 파스텔 톤 색감과 잔무늬 패턴이 많아서 애용하고 있어요. 디자인 원단으로 만든 바이어스도 여러 곳에 활용하기 좋아요. 1/4크기 원단 세 개를 한 세트로 구성한 쿼터패브릭은 서로 매칭이 잘 되는 원단을 모아 놓아 초보자들이 사용하기 좋아요.

- 네스홈 www.nesshome.com

설명이 필요 없을 정도로 유명한 원단 및 소품 온라인 쇼핑몰이에요. 서포터즈의 활동이 활발해 그 분들이 만든 예시작과 만드는 법 등 유용한 정보가 많은 곳이에요.

부자재

- 패션스타트 www.fashionstart.net

패션 부자재가 없는 것이 거의 없는 곳이에요. 다만 너무 많아서 고르기 힘들기도 해요. 세일 기간에는 필요한 부자재를 쟁여놓기도 해요.

- 리본태 www.ribbontae.com

리본과 부자재 종류가 많고 저렴해요.

펠트

동대문에서 소개한 매장의 온라인 쇼핑몰이에요. 전문가와 초보 모두에게 추천해요.

- 태양이네 www.etaeyang.com
- 모드드림 www.dway.co.kr

나만의 즐겨찾기

저는 제품 디자인을 전공했고 인테리어 디자이너로 일했어요. 학교 다닐 때나 회사에서 일할 때 외국 자료를 찾을 일이 많았었죠. 그래서인지 아이들 장난감이나 필요한 물건들을 구입할 때 국내뿐만 아니라 외국 제품들도 많이 검색해봐요. 그러던 중 외국 DIY 블로그를 많이 알게 되었어요. 처음엔 영어권 블로그를 주로 보다가 지금은 북유럽이나 프랑스, 스페인 블로그 등이 제 즐겨찾기에 수두룩해요. 블로그를 타고 다니면서 세계의 블로거들이 소개하는 핸드메이드 정보나 생활 모습 등을 보다보면 한 두 시간은 훌쩍 가요. DIY에 대한 소식도 얻고 다른 나라 엄마들이 아이 키우면서 사는 모습 등을 보며 아이 때문에 행동반경이 좁아진 답답함을 해소하곤 해요. 그 중에서 제가 자주 가는 블로그와 사이트 몇 개를 소개해드릴게요.

bkids.typepad.com
리빙, 키즈 패션, 디자인 소품 등 아이 키우는 엄마라면 한눈에 반할 만한 아이템들이 감각적인 사진들로 꽉 채워진 블로그에요. for crafting 이라는 카테고리가 따로 있는데 쉬운 재료와 방법으로 간단히 만드법을 소개하고 있어요.

mollymoocrafts.com
아이들이 쉽게 따라할 수 있는 만들기 아이디어들이 가득한 곳이에요. 휴지심이나 아이스크림 막대기, 신발 박스 등 주변에서 구하기 쉬운 재료들로 재미있는 작품을 만드는 법이 이미지로 자세히 나와 있어서 따라하기 쉬워요.

www.soulemama.com
미국에서 다섯 아이를 키우는 엄마의 육아 및 핸드메이드 블로그에요. 몇 년 전에 처음 이 블로그를 봤을 때만해도 아이가 넷이었는데 한 명이 더 생겨서 이제는 다섯이에요. 아이들이 커가는 모습을 지켜보는 재미도 있어요. 제가 관심 있게 보는 것은 이 엄마가 만드는 것들인데요 뜨개질부터 퀼트 이불 심지어 낡은 의자 리폼까지. 다재다능한 엄마 솜씨를 보여줘요. 세련되거나 더 좋아보이게 포장하지 않은 고수의 솜씨가 느껴지고 엄마의 따스함이 보여서 참 좋아요.

www.pinterest.com
이미지 공유 및 검색 사이트에요. 키워드만 있으면 이미지로 검색되는 방식으로 백화점 아이쇼핑하듯 둘러보기 좋은 곳이에요. 저는 kids craft라는 키워드로 검색을 자주 하는데 재미있는 아이용 미술 공예 활동들이 보기 좋게 이미지로 나타나요. 아이들 성별이나 연령, 계절 그리고 가지고 있는 재료 등을 고려해서 따라 해보고 있어요.

우리 아이 처음 교구 놀이

1판 1쇄 인쇄 2016년 1월 8일
1판 1쇄 발행 2016년 1월 18일

지은이 길고운

발행인 양원석
편집장 황혜정
책임편집 차선화
편집 한지윤, 김기남
디자인 RHK디자인연구소 김신애, 김미선
사진 백경호(Studio planner)
일러스트 미스 까뜨린(신재은 02-579-2877)
해외저작권 황지현
제작 문태일
영업·마케팅 이영인, 양근모, 정우연, 이주형, 전연교, 김민수, 장현기, 정미진, 이선미

펴낸 곳 ㈜알에이치코리아
주소 서울시 금천구 가산디지털 2로 53, 20층(한라시그마밸리)
편집문의 02-6443-8861
구입문의 02-6443-8838
홈페이지 www.rhk.co.kr
등록 2004년 1월 15일 제 2-3726호

ISBN 978-89-255-5808-0 13590

· 이 책은 ㈜알에이치코리아가 저작권자와의 계약에 따라 발행한 것이므로
  본사의 서면 허락 없이는 어떠한 형태나 수단으로도 이 책의 내용을 이용하지 못합니다.
· 잘못된 책은 구입하신 서점에서 바꾸어 드립니다.
· 책값은 뒤표지에 있습니다.